中南大学"双一流"建设文科战略先导专项经费资助

中南大学

哲学社会科学学术专著文库

行政学实证主义
方法论研究

李晓飞　著

中国社会科学出版社

图书在版编目（CIP）数据

行政学实证主义方法论研究/李晓飞著 . —北京：
中国社会科学出版社，2018.3
（中南大学哲学社会科学学术专著文库）
ISBN 978 - 7 - 5203 - 2070 - 2

Ⅰ. ①行…　Ⅱ. ①李…　Ⅲ. ①行政学—实证
主义—方法论—研究　Ⅳ. ①D035 - 0

中国版本图书馆 CIP 数据核字（2018）第 027416 号

出 版 人	赵剑英
责任编辑	郭晓鸿
特约编辑	席建海
责任校对	夏慧萍
责任印制	戴 宽

出　　版	中国社会科学出版社
社　　址	北京鼓楼西大街甲 158 号
邮　　编	100720
网　　址	http://www.csspw.cn
发 行 部	010 - 84083685
门 市 部	010 - 84029450
经　　销	新华书店及其他书店

印　　刷	北京明恒达印务有限公司
装　　订	廊坊市广阳区广增装订厂
版　　次	2018 年 3 月第 1 版
印　　次	2018 年 3 月第 1 次印刷

开　　本	710×1000　1/16
印　　张	12.5
插　　页	2
字　　数	156 千字
定　　价	56.00 元

《中南大学哲学社会科学学术成果文库》和《中南大学哲学社会科学博士论文精品丛书》出版说明

  在新世纪，中南大学哲学社会科学坚持"基础为本，应用为先，重视交叉，突出特色"的精优发展理念，涌现了一批又一批优秀学术成果和优秀人才。为进一步促进学校哲学社会科学一流学科的建设，充分发挥哲学社会科学优秀学术成果和优秀人才的示范带动作用，校哲学社会科学繁荣发展领导小组决定自 2017 年开始，设立《中南大学哲学社会科学学术成果文库》和《中南大学哲学社会科学博士论文精品丛书》，每年评审一次。入选成果经个人申报、二级学院推荐、校学术委员会同行专家严格评审，一定程度上体现了当前学校哲学社会科学学者的学术能力和学术水平。"散是满天星，聚是一团火"，统一组织出版的目的在于进一步提升中南大学哲学社会科学的学术影响及学术声誉。

中南大学科学研究部

2017 年 9 月

目　　录

第一章　导论

第一节　方法论是行政学研究的"大问题"

一　行政学研究为什么要关注"方法论"?

(一) 引子

公共行政学自诞生之日起,其作为一门独立学科的地位就始终备受质疑。如果用"苟延残喘"一词来形容公共行政学的发展历程尚显偏激的话,那么,"跌跌撞撞""寄人篱下""二等公民"等,则可以说是对公共行政学学科发展的真实写照。"合法性危机"(Legitimacy Crisis)、"思想危机"(Intellectual Crisis) 和"研究品质危机"(Research Quality Crisis) 等词汇,始终伴随着公共行政学的成长和发展。这些危机均表明,一方面,该领域尚未出现为被大多数人所共同承认和接受的研究范式；另一方面，公共行政学的理论研究也难以得到公共行政实践者的认同。从这个意义上讲，上述各种危机都是一种"身份危机"（Crisis of Identity），即公共行政学作为一门独立学科的合法地位难以得到学界的认可。公共行政学者德怀特·沃尔多（Dwight Waldo）对此曾有过精辟的论述。

> 公共行政学家（Public Administrationist）处于一种模糊不清的、常常令人敬而远之的、二等公民的地位。一方面，在政治科学家（Political Scientist）看来，公共行政学家过于关注政府的日常行政事务而非重大的、持续存在的学术性问题，因此，他至多是一个技术专家而不是一个科学家；另一方面，公共行政的实践者（Public Administrator）则认为公共行政学家过于学术化和理论化，而对于政府实践中紧迫的、重大的问题则一筹莫展，甚至冷眼旁观。简言之，公共行政学家既是学术界的技术专家，又是实务界的夸夸其谈者。①

近年来，大量关于中国公共行政学"身份危机"的研究成果问世，对中国公共行政学研究的批判和反思日益形成燎原之势。有学者将反思工作的基本历程划分为两个时段：1996 年到 2005 年为第一阶段，2005 年至今为第二阶段。② 依据对相关文献的梳理和考察，无论在研究的广度、深度，或者研究技术、影响力等方面，后者均超越了前者。尤其值得一提的是，"身份危机"（crisis of identity）这一词汇，

---

① Dwight Waldo. "Public Administration". *The Journal of Politics*，Vol. 30，No. 2，1968，pp. 443 – 479.
② 何艳玲：《我国行政学研究反思工作述评（1996—2008）》，《公共行政评论》2009 年第 5 期，第 160 页。

也正是在后一阶段的反思中国公共行政学面临的困境时提出的。① 这充分表明，为使中国公共行政学走出困境，赢得应有的学科地位和学术尊严，秉持专业信仰和学科忠诚的中国公共行政研究者倾注了极大的心血，也做出了艰苦卓绝的努力。正是在这批以中青年学者为主要力量的研究者的不懈努力下，中国公共行政学面临的问题得以淋漓尽致地示人，学科发展欣欣向荣的表面背后潜伏的严重危机也得以揭示。

在中国行政学反思工作的两个阶段中，尽管不同学者讨论的侧重点或有差异，但有一个问题始终未曾脱离讨论的范畴，那就是行政学研究方法。落后的研究方法对整个学科发展的掣肘效应已日益引起了学者们的关注和担忧，行政学研究方法业已成为行政学研究反思工作的焦点问题。然而，一个奇怪且令人尴尬的现象是当前中国行政学研究似乎并没有吸取多少反思工作的成果。其突出的表现就是，无论是实证研究和规范研究的划分，或是质化研究和量化研究的划分，还是借鉴美国学者杰·怀特（Jay White）的实证研究、诠释研究和批判研究的划分，在当前中国行政学的研究成果中，真正符合这些划分标准的成果屈指可数，尤其是诠释研究和批判研究更是几乎无人问津。即便是这几种研究取向的倡导者们，也很少创作出符合其划分标准的作品。例如，有学者对规范研究在公共行政中的运用进行了系统探讨，阐述了公共行政中规范研究的基本特征、质量标准及其对公共行政学的重要意义。② 然而，遗憾的是，该研究并没有引发学界更进一步的

---

① 我国学者马骏教授等人在 2007 年第 4 期的《中国人民大学学报》发表了题为"中国公共行政学的'身份危机'"的文章，该文首次提出"身份危机"的概念形容当前中国公共行政学面临的困境。详见马骏、刘亚平《中国公共行政学的"身份危机"》，《中国人民大学学报》2007 年第 4 期，第 8—11 页。
② 颜昌武、牛美丽：《公共行政学中的规范研究》，《公共行政评论》2009 年第 1 期，第 123—126 页。

讨论，研究者本人也未将其所讨论的规范研究方法运用于某项具体研究。既然大多数研究者都认可上述各种研究取向，为何尝试者寥寥？这难道不令人深感困惑吗？当然，不可否认的是，我们需要一段时间去消化反思工作的成果，逐渐理解和接受这三种研究取向的基本模式。然而，是否存在另外一种可能，那就是：对行政学研究方法反思工作的本身是否存在问题？反思工作的出发点和立足点是否存在偏差？

对行政学研究方法的反思存在一个致命的误区，那就是：就方法谈方法。对研究方法本身的商榷并无实质意义，因为方法虽然是"利器"，但它只是一种供研究者取用的工具而已。如果反思的重点仅聚焦于方法本身，那么我们就无法回答：为什么在具体的行政学研究过程中，使用这种方法而摒弃另一种方法？要想对此做出解释，就必须深入方法的背后，去探寻一个更高层次的、具有导向性的、超越工具性的"气"，即方法论问题。作为一个哲学范畴，方法论（Methodology）的研究历史由来已久。可以说，方法论是行政学研究中的"大问题"。只有首先对这个"大问题"的来龙去脉做出深入的梳理和清晰的理解，我们才能对研究方法体系做出准确定位，才有资格去谈方法，进而才能够创作出符合不同方法论取向的研究作品。

（二）行政学实证主义方法论的研究空间

从总体上看，与其他社会科学一样，在行政研究中同样存在方法论的二元化分，即实证主义方法论与人文主义方法论。依循这种二分法，行政学研究亦被区分为实证研究和规范研究，进而衍生出行政科学与行政哲学之别。其中，占据主流地位的，无疑是遵循实证主义方法论的行政科学。从行政诞生至今的130余年的时间里，实证主义方法论始终贯穿于行政学的学科发展和典范变迁之中。尽管从20世纪50年代开始，以沃尔多为代表的一批学者开始扛起行政学规范理论研究的大旗，特别是延续了近半个世纪的"西沃之争"以及依循批判主义的新公共行政与后现代公共行政的勃兴在一定程度上动摇了实证主义方法论的统治地位，但实证主义依旧是以美国为代表的西方行政学研究中的主流方法论。

毫无疑问，实证主义特别是逻辑实证主义塑造了行政学研究的辉煌与鼎盛。它使得行政科学在一段时间内成为行政学的代名词，也使行政哲学被遮蔽在一个易被遗忘的角落长达60年之久。那么，实证主义方法论为何能在行政学研究中经久不衰？哪些因素使其成为行政学研究中的主流方法论？它对行政学的发展做出了怎样的贡献？在其风靡的同时，它是否禁锢桎梏了行政学研究的知识增长？本书希冀对上述问题做出一个系统的检视。

具体而言，本书力图回答以下问题。

1. 实证主义方法论的学术观念是什么？它是如何被移植到行政学研究中并成为主流方法论的？

2. 在行政学的学科发展历程中，实证主义方法论遭受了怎样的挑战？这些挑战为何没能动摇其主流地位？

3. 实证主义方法论从哪些层面限制了行政学研究中的知识增长？

4. 在行政学研究中，如何突破实证主义方法论的藩篱，正确处理行政科学与行政哲学的关系？

二 行政学实证主义方法论的研究价值

(一) 学术价值

本书的学术价值，主要体现在以下两个方面。

首先，突破已有研究囿于方法本身的局限，以方法论作为研究的"制高点"。当前对行政学研究方法进行系统性考察的成果尚不多见，而为数不多的研究成果均有一个共同的特征，即聚焦于对方法本身的探讨，并基于此来构建行政学研究方法体系作为指导行政学研究的范本。令人遗憾，同时，也值得考量之处在于，中国的行政学研究似乎并未汲取这类研究的营养，包括研究者本人也未能依循其方法体系创造出相应的研究成果。一个至关重要的原因在于，诸如此类的研究陷入了"就方法谈方法"的泥潭而难以突围。不可否认，滞后的研究方法的确是拖了中国行政学研究"后腿"。但是，仅从方法本身进行反思显然是不够的，因为这一路径忽略了或者说回避了一个非常重要的问题，那就是：行政学研究方法滞后的原因是什么？一旦无法对这个问题做出合理的解释，那么，在否定已有行政学研究方法的同时就无法建构新的方法体系，或者仅是机械地将其他学科，特别是社会学研究方法移植并套用于行政学研究，从而导致"新的研究在当代问题中跳来跳去"[①] 的悲剧。对行政学研究方法的探讨亟待解决的问题是深入到方法的背后，去探寻更高层次的方法论问题。以此作为研究的出发点，厘清"气"与"器"的关系，结合行政学的学科特质，方能构建属于行政学的研究方法体系。

---

① 刘亚平：《公共行政学的合法性危机与方法论径路》，《武汉大学学报》（哲学社会科学版）2006 年第 1 期，第 102 页。

其次，拓展研究的学科视角，为行政学研究方法提供一个哲学视角的反思。当前对于行政学研究方法的考察，多是基于行政学、政治学和社会学等实践性或实证性较强的学科视域展开的，鲜有基于反思性和批判性较强的哲学学科视域展开的研究。这一现象导致建构的行政学研究方法体系犹如一具没有血肉的、干枯的骨架，缺乏生命力，更缺乏想象力。同时，方法论本身就是一个哲学范畴，它具有哲学的观念和哲学的气质，需要用哲学的语言予以表达。因此，以方法论作为据点，对行政学研究方法进行反思和批判，可以使研究在更为广阔的语境下进行，可以使研究有血、有肉、有情感，从而增强研究的生命力和想象力。

（二）实践意义

本书的实践意义，同样体现为两个方面。

首先，深化对行政学实证主义方法论的理解，促进行政学研究领域的知识增长。无论在以美国为代表的西方行政学界，还是在中国行政学界，尽管对实证主义方法论滥觞的诟病之声不绝于耳，但针对这一方法论的系统性研究尚不多见。由于缺乏对实证主义方法论在行政学研究中的来龙去脉、演进路径和学术观念的了解，致使其达到了其他方法论无法企及的高度而"独领风骚"。换言之，行政学界关于实证主义方法论的知识还较为匮乏，而研究方法的滞后与其又是密切相关的。因此，急需通过系统性的研究，对行政学研究中的实证主义方法论进行"深描"，真正读懂并理解它。在此基础上对其进行的反思和批判才会更有说服力，更具创造性，也才能够有力地促进行政学研究中的知识增长。

其次，打破对解释行政现象的路径依赖，将行政学研究的目的升华至理解行政现象。依循实证主义方法论的行政学研究重在解释行政现象，其研究的径路是通过对事实、经验和数据的演绎、推理和统计分析而得出的"有效性结论"。然而，面对纷繁复杂的行政现象，这种"有效性逻辑的语境"过于狭隘，它无法深刻地描绘出变化多端的政府公共管理实践的全貌。因为"从演绎推理得出的结论仅仅是一项结论，它的意义和重要性才是真正有价值的"[1]。行政学研究的任务绝不仅仅是对行政现象的解释，更重要的是帮助实践者更好地去理解他们所处的特定行政场域，探寻行政现象的意义，并敦促实践者适时地依据真实世界的变化对自己之前的观念和行为做出自我批判，进而更好地治理公共事务和提供公共服务。正如登哈特（Robert Denhardt）和怀特（Jay White）指出的："有效的公共行政不仅需要技巧，还需要均衡的判断力、宽广的理解，以及对未来可能性的灵敏感知。"[2] 换言之，理解比解释更重要。因此，通过对实证主义行政学的辩证评析，有助于帮助实践者更好地理解行政现象并进行自我批判。

第二节　行政学方法论的研究图景

学术的发展和学科的进步是累积性的，没有前人的基础，后人就不可能前行，研究议题的进一步精细化需要建立在对现有研究成果的梳理和扬弃的基础之上。综观已有研究可以发现，尽管方法论

①　[美] 杰·怀特、盖·亚当斯：《公共行政研究：对理论与实践的反思》，刘亚平、高洁译，清华大学出版社 2005 年版，第 16 页。

②　Robert Denhardt, Jay White. Integrating Theory and Practice in Public Administration. *Bureaucratic and Governmental Reform.* Greenwich，CT：JAI，1986，p. 223.

对于行政学研究的至关重要性已成为学者们的共识，但是，它在行政学诸领域中并未占据一席之地，也未形成一个研究共同体。同时，尽管国内外行政学研究者们对于实证主义行政学的诟病和非议由来已久，但迄今为止却未曾出现任何一项以此为核心议题的系统性研究。换言之，国内外行政学界对于行政学方法论的研究尚不多见，对于行政学研究中的实证主义方法论的考察则更是屈指可数。因此，对已有研究的梳理，首先需要将为数不多且布局分散的研究文献进行归类和整合。

一 国内外研究的总体图景

依据目前掌握的文献和资料，国内外探讨行政学方法论（包括实证主义方法论）的研究成果主要分布于两类文献之中。一类是在评估行政学（公共管理）学科发展的文献中，或多或少地会涉及行政学方法论问题；另一类则是在专门探讨行政学研究方法的文献之中。相对而言，前一类文献的数量要多于后一类文献的数量。表 1 - 1 和表 1 - 2 分别展示了国内外相关文献的总体分布情况。①

对比国内外研究文献的分布情况，不难发现以下四个特点。首先，就研究的起步时间来看，国外要先于国内。国外学者从 20 世纪 80 年代便开始了相关研究（尽管是一些零散的研究），而国内学者的研究则晚了 15 年；其次，虽然国内相关研究的起步较晚②，但发展极为迅速，并且文献数量也超过了国外的研究；再次，国内外研究有一个共同之处，即大多数研究都是在对行政学（公共管理）学

---

① 本书梳理的文献以公开发表的学术论文为主，不包括专著和教材等。
② 本书对于国内研究阶段的划分，参照了何艳玲教授的研究成果，以对中国行政学的反思工作作为开端。详见何艳玲《我国行政学研究反思工作述评（1996—2008）》，《公共行政评论》2009 年第 5 期，第 160 页。

科发展的反思中体现出来的，而专门聚焦于行政学研究方法的文献数量都很少；最后，国外研究文献的来源均为西方行政学界的主流期刊，特别是以国际行政学顶尖杂志《Public Administration Review》（PAR）为主要据点。相比之下，国内研究文献的来源并不以某一个期刊为主，而是分散于国内行政学的主流期刊之中。除了表1-2中列举的期刊外，几个主要的行政学院学报也是刊载相关文献的重要载体。

在简要描述了国内外相关研究的总体趋势之后，需要进一步追问的问题是：国内外研究的具体进展情况如何？有哪些基本的学术观点？下面，结合两类研究文献分别予以梳理和检视。

表1-1　　　　　　　　国外文献总体分布情况

出版时间(年)	文献数量（篇）		占总文献的百分比（%）		文献来源
	学科发展	研究方法	学科发展	研究方法	
1980—1989	12	5	19.7	8.2	Public Administration(PA) Public Administration Review(PAR) Journal of Public Administration Research and Theory (JPART) American Review of Public Administration(ARPA) Administration and Society (AS)
1990—1999	16	10	26.2	16.4	
2000—2016	11	7	18	11.5	
总计	39	22	63.9	36.1	

表1-2　　　　　　　　　国内文献总体分布情况

出版时间(年)	文献数量（篇）		占总文献的百分比（%）		文献来源
	学科发展	研究方法	学科发展	研究方法	
1996—2005	32	3	33	3.1	中国行政管理
2005—2016	56	6	57.7	6.2	公共行政评论 政治学研究 公共管理研究
总计	88	9	90.7	9.3	公共管理学报

二　对行政学学科发展的反思

（一）国外研究图景

在这类研究中，国内外行政学研究者们往往通过对行政学学科发展的阶段与质量的评估和反思，从中折射出行政学方法论这一重要的议题。国外行政学界在这方面的研究主要围绕两条主线展开：一是关于是否应当构建一门行政科学的争论；二是行政学研究中的"大问题"是什么。通过对这两个问题的检视，延伸至对整个行政学学科发展的反思并凸显出对实证主义方法论的批判。

行政学是不是一门科学（Science of Public Administration）？关于这个问题的争论，从行政学诞生之日起一直延续至今。从威尔逊（Woodrow Wilson）和古德诺（Frank Goodnow）奠定了行政学的学科基石之后，行政学的先驱者们为了构建一门严谨的行政科学付出了艰苦卓绝的努力。其中，威洛比（Franklin Willoughby）、古立克（Luther Gulick）和怀特（Leonard White）的贡献最为引人关注。在威洛比看来，"在行政管理方面，存在着某些与构成任何科学的原则相类似的、普遍适应的基本原则"①。古立克则更为直接地指出："正如存在着某些支配着建造桥梁的技术原则一样，也存在着某些支配着人们'出于任何目的进行交往活动的原则'"②。怀特在《行政学导论》这本经典教科书中进一步阐释了将行政学科学化和系统化的一系列原则，而这些原则与威洛比和古立克所谓的"基本原则"或"技术原则"如出一辙，即强调"普遍性"和"一般性"③。其后，历经泰勒（Frederick Taylor）、法约尔（Henri Fayol）、韦伯（Max Weber）和西蒙（Herbert Simon）等杰出的行政学者的建构，行政科学成为名噪一时的概念并成为行政学的代名词。

如果说行政学成为"科学"的必要条件是所谓的"普遍原则"或"一般性的技术原则"，那么，怎样才能获得这些原则？在早期的行政学家看来，行政科学是建立在科学的方法之上的，只有采用基于事实和经验的实证方法，才能获取具有普遍性的"技术原则"，进而提高行政效率。正如威尔逊指出的："行政管理的领域是一种事务性的领域，它与政治领域的那种混乱和冲突相去甚远。……行政管理作为政治生活的一个组成部分，仅在这一点上与企业办公室所采用的工作方法是社会生活的一部分以及机器是制造品的一部分是一样的"④。古德诺同样认为："行政作为国家意志的执行，必须建立在对政府行

① F. Merson. "Public Administration: A Science". *Public Administration*, Vol. 1, No. 3, 1923, pp. 220–227.

② Cyril Renwick. "Public Administration: Towards a Science". *The Australian Quarterly*, Vol. 16, No. 1, 1944, pp. 73–83.

③ Leonard White. *Introduction to the Study of Public Administration*. New York: Macmillan, 1947, p. 55.

④ Woodrow Wilson. "The Study of Administration". *Political Science Quarterly*, Vol. 2, No. 2, 1887, pp. 197–222.

政事务充分调查的基础之上。"① 显然，这两位行政学奠基者对于构建行政科学充满了热情和信心，而他们关于如何构建行政科学的阐述深深地刻上了实证主义方法论的烙印。另一位行政科学的忠实拥趸西蒙则更为直接地指出："事实和价值的分离是构建行政科学的出发点……行政科学与事实相关，与价值无关"②。事实与价值的分离，是西蒙逻辑实证主义行政学的基本假设。正是依循这一基本假设，西蒙创立了其赖以成名的决策科学。格里高利·丹内克（Gregory Daneke）作为行政科学的坚定拥护者，对之更是予以强烈的推崇。在丹内克看来，除了行政科学以外，行政学研究领域中出现的其他研究模式什么都不是。丹内克甚至断言："如果政策和行政研究的各种应用领域不再继续追求至少严谨的研究模式，如果不是科学，那么它们将继续被降格至人类智力努力的更底层"③。

然而，早期的行政学者们所不遗余力地构建的行政科学，却受到大量的非议和批评。早在行政科学初现端倪之际，罗伯特·达尔（Robert Dahl）就曾指出，除非能够排除规范价值、人的行为和社会环境三个因素的干扰，否则，构建一门公共行政科学就是不可能的。然而，这三个因素都与公共行政密切相关，尤其是将对规范性的考虑排除出公共行政研究极为困难。达尔指出："科学并不关心发现或阐明规范性的价值，科学不能证明道德的价值，它不能在从'是'到

---

① ［美］弗兰克·古德诺：《政治与行政——一个对政府的研究》，王元译，复旦大学出版社 2011 年版，第 33 页。

② Herbert Simon. "Why Public Administration？". *Journal of Public Administration Research and Theory*, Vol. 8, No. 1, 1998, pp. 1 – 11.

③ Gregory Daneke. "A Science of Public Administration？". *Public Administration Review*, Vol. 50, No. 3, 1990, pp. 383 – 392.

'应当'的巨大差距之间架起一座桥梁。"① 在达尔看来，行政科学的倡导者们接受了自然主义（Naturalism）的基本观念，追求基于事实和经验而生成的普遍性原则，并将效率作为行政价值的单一的最高检验标准。这种方法论倾向无法作为行政科学的支撑，因为"只要自然主义的谬误是哲学家们的一块绊脚石，它必定同样会阻碍社会科学家们的进步"②。在这里，达尔批判的对象虽然直接指向被行政科学奉为圭臬的"普遍性原则"和"效率"，但同时也隐含了对支撑行政科学的方法论——实证主义（即自然主义）的批判。

在行政科学鼎盛时期的 20 世纪中叶，另一位行政学家德怀特·沃尔多（Dwight Waldo）尖锐地指出，在行政科学甚嚣尘上的背后，隐藏着严重的"身份危机"（Crisis of Identity）。在沃尔多看来，没有"公共"（Public）的行政科学，是导致"身份危机"的根本原因。正是由于行政科学将"公共性"排除在研究范围之外，导致将效率作为终极目标，而将诸如人类福利、幸福和美好生活遮蔽在易被遗忘的角落。与达尔不同的是，沃尔多明确指出："建立在实证主义基础之上的行政科学将公共性排除在外，显然，这是不可能实现的。"③ 沃尔多坚持认为，力图构建一门行政科学的尝试必将无功而返，它只会缩小行政学的研究范围，阻碍学科的进步并加剧"身份危机"，未来的行政学应加强对规范价值的理论研究，以彰显行政学的"公共性"。

进入 20 世纪后半叶，随着学科的进一步发展以及社会环境尤其是政府公共管理实践的推进，对于行政科学的批判也不绝于耳。就像哈伦·克利夫兰（Harlan Cleveland）所说的："是时候抛弃那些把人

---

① Robert Dahl. "The Science of Public Administration：Three Problems". *Public Administration Review*, Vol. 7, No. 1, 1947, pp. 1 – 11.

② Ibid. .

③ Dwight Waldo. *The Study of Public Administration*. New York：Doubleday, 1955, p. 33.

类的政治和行政努力当作某种科学的想法了"①。越来越多的行政学研究者纷纷表达了对行政科学所秉持的学术观念的不满，而作为行政科学研究方法论的实证主义则成为很多批评者直接拷问的对象。在对如何推进行政学研究中的知识增长这一问题的讨论中，杰·怀特（Jay White）指出，行政科学效仿自然科学的逻辑和研究方法取得了一些成功。然而，自然科学的逻辑和它们在社会现象研究中的排他应用存在着严重的问题。这一研究模式属于解释性研究，它遵循主流社会科学研究中的实证主义哲学传统。然而，这一正统模式虽然在促进行政学研究知识的增长中发挥了重要的作用，但如果把行政学研究的目的仅仅界定为"解释"是远远不够的。一方面，诠释比解释和预测更为普通也更为必要。因为行政活动"主要是理解人们的所作所为，而这往往是通过调查人们行为的理由、动机和意图，而不是调查他们行为的因果联系而实现的"②；另一方面，行政人员也需要识别真与假、善与恶，而批判则是错误识别和评价真假善恶的基础。因此，依循实证主义的行政科学研究（解释性研究）存在局限，它需要与诠释性研究和批判性研究相融合，才能有力促进行政学研究中的知识增长。

无论是行政科学的倡导者还是批判者，在阐述各自的学术观点时，均有一个无法回避的问题，那就是行政学的研究对象是什么？在行政科学的倡导者们看来，行政学研究的对象就是政府行政事务的执行，行政学的创始人威尔逊为此奠定了基调。在威尔逊看来，行政学研究的目标是："首先，政府能够适当地和成功地进行什么工作；其次，政府怎样才能以尽可能高的效率及在费用或能源方面用尽可能少

---

① Harlan Cleveland. "Theses of a New Reformation：The Social Fallout of science 300 years after Newton". *Public Administration Review*, Vol. 48, May/June, 1988, pp. 681 – 686.

② Jay White. "On the Growth of Knowledge in Public Administration". *Public Administration Review*, Vol. 46, January/February, 1986, pp. 15 – 24.

的成本完成这些适当的工作。"① 古德诺则更为明确地指出："行政是国家意志的执行。"② 其后的古立克、怀特和西蒙等人，在此基础上进行了一些调整，但并未从根本上予以改变。然而，随着学科的发展，尤其是对行政科学的批判，一些行政学者逐渐开始摆脱这一预设，并围绕着"行政学研究什么"，于 20 世纪 90 年代展开了一场争论。这场争论肇始于美国学者罗伯特·贝恩（Robert D. Behn）在 PAR 上发表的一篇题为《公共管理的大问题》的文章。在这篇文章中，贝恩以物理学为例，指出物理学之所以能够成为一门独立的学科并长盛不衰，就是因为它有属于自己的"大问题"（Big Question），如宇宙的变迁和物质的构成等。正是这些"大问题"，将物理学家凝聚在一起，形成学术共同体。一旦其中某个或某些"大问题"得到解决或是即便有些细微的突破，就能促进学科的发展。因此，公共行政学若想成为一门独立的学科，也必须拥有属于自己的"大问题"。在贝恩看来，有三个问题可以成为行政学研究的"大问题"，即微观管理（Micromanagement）、激励（Motivation）和绩效评估（Measurement）。③

在贝恩提出了"大问题"的概念之后，一些学者撰文回应。1999年，PAR 开辟了"Big Question/ Big Issues"专栏讨论这一问题。弗朗西斯·纽曼（Francis Neumann）作为行政科学的支持者，他从自然科学范式转变的视角认为，物理学经历了牛顿力学到量子力学的范式转变，公共行政学作为一门科学，也在经历着范式转变。在以混沌理论（Chaos Theory）和非线性理论（Nonlinear Systems）为代表的新范式

---

① Woodrow Wilson. "The Study of Administration". *Political Science Quarterly*, Vol. 2, No. 2, 1887, pp. 197 – 222.

② ［美］弗兰克·古德诺：《政治与行政——一个对政府的研究》，王元译，复旦大学出版社 2011 年版，第 12 页。

③ Robert Behn. "The Big Questions of Public Management". *Public Administration Review*, Vol. 55, No. 4, 1995, pp. 313 – 324.

的影响下，公共行政学的"大问题"与公共组织结构的复杂性和非均衡性相关。① 相比之下，作为行政科学的批判者，约翰·科林（John Kirlin）则强调行政学与社会环境的关系。他认为，应根据美国的社会特征来界定行政学的"大问题"。要成为美国公共行政学的"大问题"，必须满足四个条件，首先，实现民主政体；其次，上升到社会层面，独立的公共组织（即非政府组织）的意愿同样重要；再次，应对集体行动的复杂性；最后，建立使社会学习更加有效的程序。在此基础上，科林指出了民主社会中的公共行政应包含实现民主政体的集体行动的工具、非政府集体行动的最佳规则以及社会学习在内的七个大问题。②

上述学者在何为行政学"大问题"上的争论不但没有形成统一，反而造成了分歧。在理查德·卡拉汉（Richard F. Callahan）看来，之所以会出现分歧，是因为研究者各自所秉持的方法论不同。行政科学的追随者秉持的是实证主义方法论，所以才会从范式转变的视角来界定"大问题"。正是由于后实证主义对传统实证主义的修正，作为行政科学支持者的纽曼才会归纳出在后实证主义范式下的行政学"大问题"。同样，科林作为行政科学的批判者，他遵循的不是实证主义方法论，也才会因此界定出与特定场域而非普遍性原则相适应的行政学"大问题"③。可见，尽管这场关于何为行政学"大问题"的争论是围绕行政学研究对象展开的，但隐藏其后的，却是研究者秉持的方法

---

① Francis Neumann. "What Makes Public Administration a Science? Or, Are Its 'Big Questions' Really Big?". *Public Administration Review*, Vol. 56, No. 5, 1996, pp. 409 – 415.

② John Kirlin. "The Big Questions of Public Administration in a Democracy". *Public Administration Review*, Vol. 56, No. 5, 1996, pp. 416 – 423.

③ Richard Callahan. "Challenges of (Dis) Connectedness in the 'Big Questions' Methodologies in Public Administration". *Public Administration Review*, Vol. 61, No. 4, 2001, pp. 493 – 499.

论。依循的方法论不同，界定的"大问题"自然迥异。因此，关于行政学"大问题"的争论，实际上也可以折射出对行政科学及其秉持的实证主义方法论的反思。

（二）国内研究图景

国内学界的研究主要源于 20 世纪末开始的对学科发展中存在问题的反思，其中的焦点问题就是行政学本土化。早在 1996 年，学界便已意识到实现行政学本土化的必要性。有学者曾撰文指出，中国行政学必须形成自己的理论，否则永远不可能成为一门独立的知识领域。① 但是，由于当时中国行政学研究的主要任务是介绍和引进西方国家尤其是美国公共行政的理论与实践，这一呼声并未引起学界关注，即便有学者提出通过行政哲学体系的构建来思考实现行政学中国化的路径，也只是一个初步的构想，并没有经过充分的研究论证。② 进入反思工作的第二个阶段后，行政学本土化问题才日益引起学界关注。在 2005—2009 年五年的时间内，以行政学本土化为主题的研究成果大量问世。有学者指出，实现行政学中国化，首先要区分行政学的不同层次，其次要营造属于中国的行政学语境和话语体系。③ 还有学者将研究重心的中国化、建构中国自己的学术话语体系、实现学术研究的自主性作为实现行政学中国化的三项基本要求。④ 此外，在

① 张成福：《发展、问题与重建——论面向 21 世纪的中国行政科学》，《政治学研究》1996 年第 1 期，第 59 页。
② 乔耀章：《行政学中国化与行政哲学思考》，《中国行政管理》2003 年第 8 期，第 21 页。
③ 乔耀章：《行政学中国化过程中的学科发展与方法体系》，《上海行政学院学报》2005 年第 2 期，第 46 页。
④ 郭小聪、肖生福：《中国行政学学科建设：科学化与中国化》，《中山大学学报》（社会科学版）2007 年第 3 期，第 63 页。

"身份危机"这一概念提出后,有学者将行政学研究重心的"非中国化"作为"身份危机"的首要表现,认为必须将研究重心放在本土理论的构建上。① 之后,有学者将学界的观点进行了整合,认为实现行政学本土化必须走双重路线,即把批判吸收西方行政理论和构建具有中国传统特色的行政理论体系结合起来。②

近年来,我国青年行政学者逐渐成为行政学反思工作的主力军,在行政学本土化问题上不乏独到的见解。有学者指出,当前中国行政学研究面临着本土化和规范化的"双重困境"。本土化困境关心的是行政学研究如何观照中国现实,由于本土化困境没有得到妥善解决,进而带来了我国行政学研究的质量与知识增长的问题,即规范化困境。解决这一"双重困境"的路径是行政学研究必须指向"真实实践"(real practice),关注中国行政场域内的"地方性知识"(local knowledge),而当前在社会学(包括政治学)研究中被广泛采用的过程——事件分析方法是行政学研究指向真实实践的初始技术。③

从上述各位学者关于行政学中国化的讨论中可以看出,一方面,学界已形成基本共识:构建属于中国自己的行政学已成当务之急,否则,中国的行政学只能永远是西方行政学的翻版甚至附庸;另一方面,学界对于如何实现行政学本土化的基本主张是一致的,即行政学研究必须观照中国自身的文化特征和社会现实,使之具有中国特色、中国作风和中国气派。然而,究竟应采取何种方法来实现这一基本主张呢?目前为止,学界对此语焉不详,而困惑亦出此产生。例如,大

---

① 马骏、刘亚平:《中国公共行政学的"身份危机"》,《中国人民大学学报》2007 年第 4 期,第 8 页。

② 芮国强:《行政学本土化:内涵、意义及路径》,《江海学刊》2008 年第 6 期,第 94 页。

③ 何艳玲:《指向真实实践的中国行政学研究:一个亟待关注的问题》,《中国行政管理》2009 年第 8 期,第 16 页。

多数学者均提出要实现研究重心的本土化，把西方尤其是美国的行政学理论与实践放在中国的行政场域内思考。那么，公共行政学的研究重心究竟应该聚焦在中国行政场域内的哪个位置？有学者认为，所有中国公共行政的实践都将成为构建中国特色行政学理论的实践基础，而在中国公共行政的实践中，不能不研究的就是中国的行政改革。①那么，中国公共行政的实践，包括政府行政改革中出现的所有问题，是否都应当纳入行政学的研究范畴？如果不是，到底哪些问题是值得行政学研究的？再者，行政学研究应当指向真实实践，这毋庸置疑，但是否所有的真实实践和地方性知识都值得行政学去研究呢？如果这一困惑无法解决，过程——事件分析方法运用得再纯熟，也将因不当聚焦而黯然失色。

那么，中国行政学研究的核心问题究竟应为何物？美国学者纽曼（Francis X. Neumann）在研究美国公共行政的学科发展时曾指出，公共行政作为一个学科，最适宜的研究问题是政府的结构和活动。②我国也有学者认为，行政学的研究内容仅包括政府的行政行为以及与行政行为相关的各个方面而非政府的全部。③然而，问题在于，并非政府所有的组织结构和行政行为都能体现本国特点。因此，需要一个能够充分体现中国政府行政行为特征的研究领域以彰显中国公共行政学的研究特质，而这一领域始终未曾得以识别。

由于中国行政学总是缺少容易辨识的知识核心与学科界限，始终

---

① 郭小聪、肖生福：《中国行政学学科建设：科学化与中国化》，《中山大学学报》（社会科学版）2007 年第 3 期，第 64 页。

② Francis Neumann. "What Makes Public Administration a Science? Or, Are Its 'Big Questions' Really Big?". *Public Administration Review*, Vol. 56, No. 5, 1996, pp. 409 – 415.

③ 张康之：《行政学研究什么》，《北京工业大学学报》（社会科学版）2002 年第 9 期，第 53 页。

没有形成脉络清晰的行政学"大问题",导致行政学知识的传承性孱弱。① 因此国内有学者开始借鉴美国学者提出的"大问题"这一概念来描述中国行政学研究的核心领域。那么,如何界定中国行政学的"大问题"呢?有学者指出,应从三个层面来界定中国行政学的"大问题",即制度层面的合法行政、组织层面的有效行政和价值层面的责任行政。②

同时,国内学者在关于学科发展的反思中,也透露出对研究方法滞后的不满。有学者就曾指出,中国行政学者对研究方法的发展趋势不够敏感,在研究方法的运用上也存在诸如重视质的方法而忽视量的方法,重视规范方法而忽视实证方法等问题。③ 还有学者把方法论上的简单呆板作为中国行政学研究的弱点之一。④ 更有学者对中国行政学研究方法做出了近乎苛刻的评价,认为当前对行政学方法论的研究属于"凤毛麟角",该领域目前尚属于手工作坊式的初级阶段。⑤

与国外行政学界对于学科发展的反思呈现出针对性强、脉络清晰和观点鲜明等特征相比,国内除个别研究者外,大多数研究则略显零散和无力。通过梳理国内研究可以发现,国内鲜有对何为行政科学进行系统阐释的研究成果。在关于行政学本土化的探讨中,学者们似乎

---

① 何艳玲:《"我们在做什么样的研究":中国行政学研究述评》,《公共管理研究》2008 年第 5 期,第 37 页。

② 何艳玲、汪广龙:《我们应该关注什么:关于公共行政学"大问题"的争论》,《中国行政管理》2011 年第 12 期,第 45—46 页。

③ 张成福:《发展、问题与重建——论面向 21 世纪的中国行政科学》,《政治学研究》1996 年第 1 期,第 60 页。

④ 薄贵利:《中国行政学:问题、挑战与对策》,《中国行政管理》1998 年第 12 期,第 6 页。

⑤ 张梦中、〔美〕马克·霍哲:《"公共行政学研究方法论"专栏总序》,《中国行政管理》2001 年第 8 期,第 40 页。

对于行政科学这一概念不感兴趣，多是关于如何构建本土化的行政学的宏大叙事。然而，如前文指出的，在如何构建本土化行政学的讨论中存在诸多令人疑惑之处。其中一个很重要的原因，就是未能对行政科学的发展脉络和学术观念特别是其秉持的实证主义方法论做出系统梳理和深刻剖析。综观国内研究，无论是对美国学者提出的行政学"大问题"的借鉴，还是对行政学本土化进程中研究方法滞后的阻碍作用的分析，均未能切中要害。当然，国外研究也存在一些不足之处，如系统性不强等。但不可否认的是，国外研究者们的确能够非常敏锐地从整个行政学的学科发展中指摘出方法论上的瓶颈，并以此为主线来分析学科中存在的其他问题。这一点较之国内研究的"宏大叙事"，确有其可取之处。

三　对行政学研究方法的反思

（一）国外研究图景

国外学界通过评估公开发表的行政学研究成果的质量，来考察行政学研究方法的运用情况。这种评估主要集中于两个领域：一是对公开发表在行政学主流期刊上的学术论文研究方法的评估；二是对行政学博士学位论文研究方法的评估。

对行政学主流期刊刊载的学术论文研究方法的评估始于1986年佩里（James Perry）和克拉默（Kenneth Kraemer）的研究。佩里和克拉默坚信，发表在行政学重要期刊上的论文，是"最好和最出色的作品"。因此，他们选择了1975—1984年这十年期间发表在行政学顶尖杂志 PAR 上的论文作为样本，对这些论文所使用的研究方法进行了一次系统和深刻的评估。其研究结果表明，公共行政研究主要是"应用性的"而非"基础性"的。大约四分之三的论文均为经验研究，只有不到四分之一的论文从事理论研究。同时，绝大部分经验研究论文都没有发展出一套严谨的研究方法，只是在从事描述问题或识别变量的工作。佩里和克拉默呼吁，需要进一步改进行政学研究方法，特别是加强定性研究方法（诠释性研究）在行政学研究中的运用。[①]

两年之后，斯托林（Robert Stallings）和弗瑞斯（James Ferris）再次对发表在 PAR 上的作品进行了评估。相比于佩里和克拉默的研究，斯托林和弗瑞斯的研究在纵向上扩大了样本的范围，他们评估了1940—1984 年发表在 PAR 上的论文。他们的评估结果是，在将近半个世纪的时间里，行政学研究论文所采用的研究方法一直很稳定。大部分论文都处于界定研究问题或是对问题进行概念化的初期阶段。即便到了 20 世纪 80 年代，仍有约 70% 的论文在进行概念化的工作。[②]换言之，一方面，行政学研究论文坚守实践取向，以经验研究为主，鲜有论文致力于规范理论研究；另一方面，即便是经验研究论文，所采用的研究方法也很不严谨，大多数研究均未遵循实证主义方法论路径进行因果关系分析或理论检验。

进入 20 世纪 90 年代之后，一些学者不满足于仅以发表在 PAR 上的论文为样本来评估行政学研究方法，他们力图进一步扩大样本范围以获取更为宏观的研究图景。1990 年，（David Houston）和德利文（Sybil Delevan）在横向上扩大了样本的范围。他们选取了六本公共行政研究领域的重要期刊（不包括 PAR）于 1984—1988 年刊载的学术

---

① James Perry, Kenneth Kraemer. "Research Methodology in the 'Public Administration Review', 1975—1984". *Public Administration Review*, Vol. 46, No. 3, 1986, pp. 215–226.

② Robert Stallings, James Ferris. "Public Administration Research: Work in Par 1940–1984". *Public Administration Review*, Vol. 48, No. 2, 1988, pp. 580–587.

论文为样本，对论文所采用的研究方法进行了评估与检视。① 然而，他们的研究结论与之前的研究结论是一致的，即公共行政杂志刊载的号称"实证性"论文其实并不"实证"。这些研究几乎全部在从事概念性工作，很少涉足经验理论的验证和构建。尽管有少量的研究运用了严谨的研究方法从事理论验证，但这只是例外，而不是常态。因此，他们呼吁，未来的公共行政领域需要更多地从事理论建构研究。②

对于行政学博士学位论文研究方法的评估，集中体现在麦克科迪（Howard McCurdy）和科利尔里（Robert Cleary）两位学者一系列的阶段性研究。他们分别在 1984 年、1992 年和 2000 年对美国行政学博士学位论文研究方法进行了评估。在 1984 年对 142 篇行政学博士学位论文的评估中，科利尔里等人发现论文缺乏严谨的研究方法，有超过 20% 的论文是纯粹描述性的，近 60% 的论文既没有理论检验，也未能建构理论。他们认为，之所以出现这一局面，与公共行政教育在美国享有盛誉的大学中不受重视以及该领域本身尚不成熟有关。③ 1992 年，科利尔里对 1990 年完成的 165 篇行政学博士学位论文进行了评估。他发现，无论是对理论的检验还是对因果关系的陈述，与 1984 年的研究发现相比，符合这两个评估标准的论文数

---

① 这六本期刊分别为：*Administration and Society*；*Public Administration Quarterly*；*International Journal of Public Administration*；*Public Budgeting and Finance*；*Review of Public personnel Administration*；*Policy Studies Review*。

② David Houston, Sybil Delevan. "Public Administration Research：An Assessment of Journal Publications". *Public Administration Review*, Vol. 50, No. 3, 1990, pp. 671 – 676.

③ Howard McCurdy, Robert Cleary. "Why Can't We Resolve the Research Issue in Public Administration?". *Public Administration Review*, Vol. 44, No. 1, 1984, pp. 49 – 55.

量均有一定幅度的增长。① 2000 年，科利尔里再次对 1998 年完成的 168 篇博士学位论文进行了评估。评估结果表明，相比于 1990 年的论文，1998 的论文不但在上述两个指标上取得了进一步的提升，同时，越来越多的博士生采用更为有效的方法去设计研究。② 有鉴于此，科利尔里得出结论：研究方法的严谨既提高了博士学位论文的研究质量，同时也昭示着美国的公共行政学教育取得了令人瞩目的进步。但是，科利尔里也承认，仍有相当比例的博士学位论文没有依循主流社会科学的研究方法。

除科利尔里等人对行政学博士学位论文研究方法进行长期的追踪评估之外，还有学者考察了行政学博士学位论文的质量与论文撰写人在完成博士论文之后在行政学期刊上发表论文情况之间的关系。杰·怀特（Jay White）的研究表明，一方面，确如科利尔里所言，大部分行政学博士学位论文并不符合主流社会科学研究方法的标准，既无理论检验，也未阐述因果关系；另一方面，那些在博士学位论文中运用了主流社会科学研究方法的博士学位候选人，虽然人数不多，但他们在完成博士论文之后，绝大多数都在行政学重要期刊上发表了学术论文。因此，怀特认为，对主流社会科学研究方法的掌握，有助于增强那些博士候选人的学术竞争力。③ 之后，怀特与亚当斯（Guy Adams）合作，将行政学博士学位论文研究方法与包括犯罪学、管理学和社会

① Robert Cleary. "Revisiting the Doctoral Dissertation in Public Administration：An Examination of the Dissertations of 1990". *Public Administration Review*，Vol. 52，No. 1，1992，pp. 55 - 61.

② Robert Cleary. "The Public Administration Doctoral Dissertation Reexamined：An Evaluation of the Dissertations of 1998". *Public Administration Review*，Vol. 60，No. 5，2000，pp. 446 - 455.

③ Jay White. "Dissertations and Publications in Public Administration". *Public Administration Review*，Vol. 46，No. 3，1986，pp. 227 - 234.

工作在内的五个学科的博士学位论文研究方法进行了比较。他们的结论是，不仅是公共行政领域，其他五个研究领域都缺乏理论的检验和构建以及因果关系的阐述，而"盲目的经验主义"（Mindless Empiricism）则广泛地存在于这六个领域之中。①

从上述的梳理中可以发现，无论是发表在行政学主流期刊上的学术论文，还是不同时期的行政学博士学位论文，均存在研究方法上的"短板"。这些"短板"集中表现为两个方面：一是没有理论检验或理论构建；二是缺乏对因果关系的探寻。这两个"短板"正是主流社会科学研究方法的精髓所在。于是，我们便不难发现，学者们在指摘这些"短板"时有一个评判标准，那就是以主流社会科学研究方法的逻辑来界定行政学学术论文和博士学位论文的研究方法，而主流社会科学研究方法依循的正是实证主义方法论。对于这一点，有学者毫不留情地提出了批评。泰耶（C. Thayer）尖锐地指出："科利尔里等人设定的评估标准，将公共行政研究锁入了狭隘的实证主义定量研究的'紧身衣'中。"② 鲍克斯（Richard Box）同样认为，将主流社会科学作为评估公共行政研究质量的参照系实际上陷入了"抽象经验主义"（Abstracted Empiricism）的误区，它将导致一种"方法论的抑制"（Methodological Inhibition），它过于狭隘以致带来对公共行政研究不必要的悲观和审判性的态度。③

---

① Guy Adams, Jay White. "Dissertation Research in Public Administration and Cognate Fields: An Assessment of Methods and Quality". *Public Administration Review*, Vol. 54, No. 6, 1994, pp. 558 – 565.

② C. Thayer. "Understanding Research". *Public Administration Review*, Vol. 44, No. 2, 1984, pp. 550 – 557.

③ Richard Box. "An Examination of the Debate over Research in Public Administration". *Public Administration Review*, Vol. 52, No. 1, 1992, pp. 62 – 69.

可见，是否依循了实证主义方法论或采用了主流社会科学研究方法，是大多数国外学者评判行政学研究成果的重要指标。实际上，从怀特和亚当斯的研究中也可以发现，实证主义不仅是行政学研究者们热衷的方法，也同样滥觞于其他社会科学研究领域中。另外，我们还可以发现，国外的行政学研究虽然以实证主义为主流，但仍然存在许多并不符合实证主义方法论路径的经验研究。这两个特点共同构成了所谓的"盲目的经验主义"。这也为诠释主义方法论和批判主义方法论的崛起提供了契机。

（二）国内研究图景

国内关于行政学研究方法的讨论，发端于20世纪90年代末开始的行政学反思工作。在反思工作的前一个阶段（1996—2004），此时的行政学反思工作尚处于起步阶段，对行政学研究方法的讨论未能形成气候。尤其遗憾的是，《中国行政管理》杂志开办的"公共行政学研究方法论"专栏仅仅持续了半年的时间便告结束，而且这一专栏的创办当时也并未引起太多研究者的关注和深入讨论。

令人欣慰的是，在中国公共行政学反思工作进入第二个阶段之后，对行政学研究方法的反思和讨论开始逐步升温，并在2007—2008年掀起一个小高潮。其中，部分学者借鉴了美国学者的评估方式，采用定量分析技术，对国内行政学领域具有代表性的学术期刊上的行政学论文所采用的研究方法进行评估，以说明正是由于研究方法的滞后，导致行政学研究的质量始终裹足不前。有学者指出，中国行政学的研究成果存在着结构性失衡，其突出的表现就是实证研究严重短缺。而大多数本身"不规范"的规范研究往往沉溺于描述和阐释宏大叙事，既无力通过建构理论以促进知识增长，更无力观照真实的行政世界。① 有学者甚至尖锐地指出，由于行政学研究中的实证研究严重匮乏，导致研究结果在结构上的失衡。大多数规范研究"每一句话都是对的，但每一句话都没用"②。另有学者指出，大多数行政学研究成果属于既非量化研究也非质化研究的非经验研究，这些文章大多遵循一种"教科书式""自说自话"的表述方式，即从概念、特点到对策分析的固定模式。大量的非经验研究不但削弱了行政学知识的累积性，也导致了行政学研究质量的停滞不前和评价失范。③

还有学者将中美行政学研究方法运用的情况进行了比较，得出的结论是，中国公共行政学研究方法分布与美国公共行政学研究方法分布存在重大差异。一方面，与美国行政学多以实证研究为主相比，中国行政学研究过于偏重理论演绎；另一方面，即使是在以理论演绎为主的研究中，美国行政学也更注重对现实问题的分析，而中国行政学则往往聚焦于概念演绎。这些差异显示了中国行政学研究方法存在的问题，一是没有真正有效地运用实证的方法来验证自己的理论假设，二是现有的基础理论研究在相当大的程度上仍然是在引介国外的行政学与政治学理论，甚至有时仅仅是在引进概念，而没有引进其理论内核。④

由于这类研究侧重以统计数据作为结论的依据，在当前定量分析较为缺乏的行政学研究领域，颇引人关注。尽管这类研究可能在样本

---

① 何艳玲：《问题与方法：近十年来中国行政学研究评估（1995—2005）》，《政治学研究》2007 年第 1 期，第 103 页。

② 何艳玲：《"我们在做什么样的研究"：中国行政学研究述评》，《公共管理研究》2008 年第 5 期，第 37 页。

③ 陈辉：《中国行政学研究评估：基于高校学报的分析》，《公共管理研究》2008 年第 6 期，第 187 页。

④ 董建新、白锐、梁茂春：《中国行政学方法论分析：2000—2004》，《上海行政学院学报》2005 年第 2 期，第 54 页。

选取和指标设计等方面存在些许不足，但却足够凸显中国公共行政学在研究方法的运用上存在的严重缺陷。

此外，还有部分学者致力于将行政学方法论体系的构建作为解决行政学研究方法发展滞后的途径。有学者将行政学研究方法论体系划分为行政学研究的方法论理论、行政学研究的具体研究方法、行政学研究的具体技术三个部分。① 还有学者把行政学方法论划分为抽象系统和解释系统两个部分，抽象系统揭示行政现象是什么，解释系统则对"行政是什么"进行"为什么"的解释。② 亦有学者指出，行政学方法论的基本内涵体现为：以特定的逻辑思维为基础的哲学方法论层面；以行政理论建构的前提假设、具体应用和结论的推衍程序为核心的科学方法论层面；以研究者所使用的具体工具的总和为中介的技术方法论层面。③

借鉴美国同行对美国行政学博士学位论文研究方法和质量的评估方式，有些国内学者也对中国的行政学博士学位论文进行了评估。有学者考察了2002—2006 年四所拥有深厚行政学学科传统的高校所产生的132 篇博士学位论文的质量。研究结果表明，在研究问题、合理性、理论相关性、因果性、重要性和创造性六个指标上，中国行政学博士论文的表现都是令人担忧的。其中，70% 的博士学位论文没有运用任何现代社会科学的方法，而80% 的博士学位论文没有提供基本的因果关系判断。同时，绝大部分论文没有理论检验或理论建构，而是用"进口"理论来切割中国现实。因此，中国行政学博士学位论文发

---

① 郭小聪、肖生福：《中西行政学研究方法论建设比较分析》，《江西社会科学》2007年第1期，第164页。
② 芮国强：《行政学方法论：内涵与结构》，《中国行政管理》2008 年第9 期，第46 页。
③ 张玉：《行政学方法论的内涵及其一般应用范式》，《政治学研究》2009 年第6 期，第112 页。

展知识和创造理论的能力亟待加强。① 另一篇类似的研究文献对拥有行政管理专业博士点的五所高校于 2002—2007 年产生的 94 份博士学位论文进行了评估，而其中一个重要的评估指标就是论文所采用的方法论。评估结果表明，只有较少部分的博士论文能明确指出所采用的方法论和研究设计，约有三分之一的论文采取了实证论的研究，诠释论占少部分，而批判研究更是屈指可数。同时，一个值得关注的问题是，存在不同程度的方法论混淆现象。部分自称是实证研究的论文，却没有采用严格的量的研究方法或质的研究方法，更没有研究因果机制或者进行理论检验，而部分诠释研究却运用实证的研究方法（或者混合）来论证观点。② 该文献的作者认为，在方法论层面，我国的行政学博士论文质量尚停留在美国 20 世纪 90 年代的水平，行政管理博士生的方法论训练亟待加强。

从以上的梳理中可以看出，国内学者对行政学研究方法的反思，与美国同行的研究方式如出一辙，即评估国内行政学重要期刊刊载的学术论文的研究方法以及行政管理博士学位论文的研究方法。包括评估标准，参照的也是美国学者的评估标准，或是在此基础上的细微调整。然而，最终的评估结果却与美国学者的评估结果不同。美国的行政学研究中存在着"盲目的经验主义"，而中国的行政学研究中却存在的"不规范"的规范（理论）研究。具体而言，美国的行政学研究中出现的是实证主义滥觞与"不实证"的实证研究并存的局面，中国的行政学研究出现的是实证主义严重匮乏与"不规范"的规范研究并存的局面。相比之下，显然国内行政学研究存在着更为严重的问

---

① 敬乂嘉：《中国行政管理博士论文研究》，《复旦公共行政评论》2009 年春季刊，第 6—8 页。

② 陈振明、李德国：《我国公共行政学博士论文的质量评估与比较分析》，《公共行政评论》2009 年第 2 期，第 22 页。

题。因为美国的行政学研究尽管存在"盲目的经验主义"，但至少有方法论意识，有一个主流社会科学研究方法作为评判标准。反观国内的行政学研究，在方法论上没有任何评判标准，导致大量的重复性研究不断涌现。① 因此，方法论和研究方法的滞后，已成为严重制约中国行政学研究进一步发展的"绊脚石"。

四　已有研究的未尽议题

通过对文献的梳理和检视，大致描绘了当前国内外关于行政学方法论研究的整体景象。② 不可否认的是，已有研究从不同层面和不同视角对行政学方法论包括行政学研究中的实证主义方法论进行了分析，也涌现出一批高质量的研究成果。但是，至少在以下三个方面仍存在进一步深化和拓展的空间。

首先，对实证主义方法论的哲学渊源及其与社会科学研究的关系等基础性问题关注不足。国外虽有研究者指出将主流社会科学研究方法作为行政学研究方法优劣的评判标准存在严重的问题，但对于为什么实证主义会成为社会科学的主流研究方法，它在社会科学研究中经历了怎样的演进过程，不同时期的实证主义方法论又有着何种不同的学术观念等诸如此类的基础性问题，缺乏足够的研究。这些基础性问题看似无足轻重，但若不深究其理，我们就难以深刻地理解为什么实证主义方法论会滥觞于社会科学研究的各个领域，为什么它能够屹立于社会科学研究的丛林数百年之久，为什么对它的批判之声不绝于耳

---

① 在笔者参与的一次学术会议中，有学者将这类论文戏称为"议论文"。

② 本书梳理和评估的文献以论文为主，因此，可能会遗漏一些著作类成果。其中，有两部优秀的作品需要在此提及，它们分别是吴建南教授的《公共管理研究方法导论》和吴琼恩教授的《行政学的范围与方法》。详见吴建南《公共管理研究方法导论》，科学出版社2006年版；吴琼恩《行政学的范围与方法》，（台北）五南图书出版公司2005年版。

却难以从根本上动摇其统治地位。因此，只有基于哲学研究视域，对这些基础性问题做出系统地梳理和解读，才能真正地深入实证主义方法论之中，探寻其灵魂和精髓所在。否则，一切对它的批判和指责都将成为无源之水、无本之木。

其次，难以在实证主义方法论与行政学学科发展之间搭建桥梁。已有研究存在的一个不足之处，就在于对行政学方法论及研究方法的探究脱离了行政学学科发展阶段，特别是难以与行政学的典范变迁相衔接，出现了方法是方法、学科是学科的"两张皮"现象。这就导致我们难以理解实证主义方法论是如何在行政学研究中得到运用的，或者说，实证主义方法论在行政学研究中是如何体现出来的。尽管有少数研究者考察了实证主义公共行政的理论进路①，以及行政学研究中的后实证主义方法论②，但是，在对实证主义行政学提出批判时，又脱离了行政学的典范特征与学科特质。因此，将两者有机地结合起来，考察在行政学学科演进与典范变迁过程中实证主义方法论从确立到式微再到遭受挑战的整条脉络，对于深刻理解实证主义行政学的生成渊源、发展脉络、观念要旨以及学术影响等问题，准确界定实证主义行政学的历史地位，是极为必要的。

最后，缺乏对实证主义行政学具体突破路径的研究。已有研究多提出以所谓的诠释主义和批判主义作为行政学研究中实证主义方法论的替代，然而，这一呼吁至今仍未转化为现实。这一方面是因为对实证主义行政学认知不够；另一方面也正因为对它的认知不

① 陈炜：《实证主义与西方公共行政研究：发展、反思与超越》，《广东行政学院学报》2013 年第 6 期，第 5 页。

② 姚莉：《西方公共行政研究中的实证主义与后实证主义》，《广东行政学院学报》2011 年第 4 期，第 33—34 页。

够，导致对它的批判过于宏观，缺乏针对性，进而难以寻找出具体的突破路径。换言之，对实证主义行政学的批判应做到有的放矢，方能构建出相应的突破路径。

第三节 如何研究行政学实证主义方法论？

一 研究思路

本书所致力于探讨的是实证主义方法论在行政学研究中的演进历程、应用范式与突破路径。本书将结合行政学学科典范的变迁，考察实证主义方法论在行政学研究中的生成渊源、发展脉络与学术观念，探寻其为何能够成为行政学研究主流方法论的原因。在此基础上，对行政学研究中的实证主义方法论做出客观、公允的评价，分析其在行政学研究中的贡献及可取之处，同时指摘其对行政学学术研究和学科发展的桎梏，并尝试构建相应的突破路径。

本书首先对作为一个哲学范畴的实证主义方法论的学术背景、演进路径和学术观念进行历时性的梳理，考察其对社会科学研究的影响；其次，考察实证主义方法论在行政学研究中从确立到流行的全景，并对其式微的原因进行剖析；再次，针对实证主义方法论对行政学学术研究和学科发展的束缚与桎梏，对其予以批判并详细地指摘其不足；最后，在批判的基础上，构建实证主义行政学的突破路径。

图1-1较为直观地展示了本书的思路。

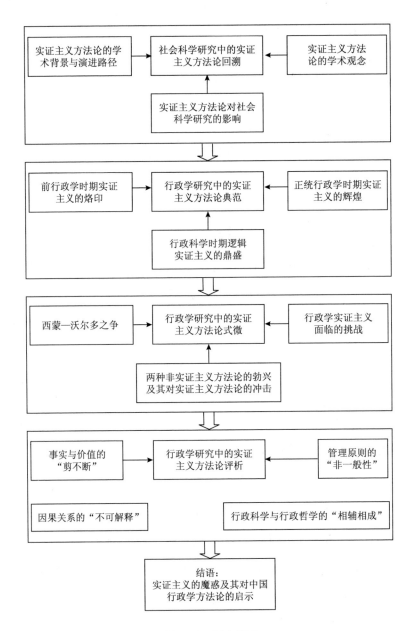

图1-1　研究思路

二　研究方法

作为一项基础理论研究，本书主要运用了以下三种研究方法。

1. 文献研究法。对于文献研究法的运用，主要体现在两个方面。一是通过对已有研究成果的梳理和检视，探寻将研究进一步深化和拓展的可能；二是在具体的研究过程中，通过对实证主义方法论的哲学研究、行政学典范变迁和方法反思这两大类文献的梳理和归类，探寻两者之间的衔接点，以彰显研究的学科特征。

2. 历史研究法。对于历史研究法的运用，主要体现在对实证主义方法论的发展脉络及其在行政学研究中的演进历程进行回溯，探寻实证主义方法论在行政学学科发展不同历史时期的应用，并结合具体的历史背景，对其做出客观的评价。

3. 比较研究法。对于比较研究法的运用，主要体现在三个方面。一是对实证主义方法论的倡导者和反对者之间的学术观点进行比较分析，探寻其对立的焦点所在；二是比较实证主义方法论在行政学学科发展不同阶段发生的变化，分析这些变化产生的原因；三是将实证主义方法论与其他类型的方法论进行比较，考察它们学术观念的异同及其对于行政学研究产生的不同影响，分析诸如诠释主义和批判主义方法论为什么未能从根本上动摇实证主义方法论统治地位的原因所在。

三　研究架构

结合研究思路和研究方法，可将本书的基本架构做如下设计。

第一章是导论部分，主要介绍研究的问题、背景、意义、文献梳理和分析思路等内容。

第二章主要是对一些基础性问题的界定，包括三个方面的内容。

一是梳理实证主义方法论学术背景和演进路径，包括前实证主义、传统实证主义和逻辑实证主义三个阶段；二是扼要阐释实证主义方法论的基本学术观念；三是分析实证主义方法论对社会科学研究产生的影响，及其在社会科学研究中的具体应用范式。

第三章主要考察实证主义成为行政学研究主流方法论的过程。本章将结合行政学学科发展脉络，描述在前行政学时期、正统行政学时期以及行政科学时期实证主义方法论的成型、辉煌和鼎盛乃至最终成为行政学研究主流方法论的全景。分析在这一过程中实证主义方法论产生的变化，重点在于剖析为什么它可以成为行政学研究的主流方法论。

第四章主要分析实证主义行政学的式微。本章将以持续了半个世纪的"西沃之争"为引擎，梳理20世纪60年代之后的行政学新流派对行政科学的批判，分析实证主义行政学面临的挑战。同时，扼要介绍诠释主义和批判主义两种非实证主义方法论，分析它们的勃兴对实证主义方法论的冲击以及替代实证主义方法论的可能性。

第五章是对行政学研究中的实证主义方法论的评析。本章在前述内容的基础上，对行政学的实证主义方法论做出客观、辩证的评价。一方面，肯定其在行政学建制化和专业化过程中的贡献；另一方面，从事实与价值的"剪不断"、因果关系的"不可解释"、行政原则的"非一般性"以及行政科学与行政哲学的"相辅相成"等维度，对其"过犹不及"的一面提出批判。

结语部分以"行政学实证主义方法论的魔惑及其对中国行政学方法论的启示"为议题，对整个研究做出总结和提炼。着重剖析实证主义始终占据行政学研究方法论主流地位的原因，指出实证主义方法论为什么是一种"魔惑"。在此基础上，分析其对于中国行政学研究方法论的启示，尝试提出中国行政学研究突破方法论"规范性困境"的路径。

四　可能的创新

本书可能会在以下三个方面有所创新。

首先，选题的创新。方法论和研究方法既是行政学研究领域的重点问题，也是难点问题。当前，关于行政学研究方法的专门性研究成果尚不多见，更鲜有关于行政学方法论的研究成果。本书以行政学研究中的实证主义方法论为议题，对其生成渊源、发展脉络和理论要旨等基础性问题进行深入系统地分析，特别是对其为何可以成为行政学研究主流方法论的原因做出深刻的剖析。同时，对其做出客观公允的评价，并尝试构建突破路径。从这个意义上讲，本书实现了选题的创新。

其次，视角的创新。方法论在本质上属于哲学研究的范畴。因此，对行政学方法论的研究，不仅需要行政学学科视域的考量，哲学视域的反思和批判更是极为必要的。本书从开篇便奠定了哲学反思的基调，并将之贯穿于整个研究的谋篇布局之中。学科视角的交叉与融合，是本书的一个特色。

最后，本书尝试提出一些新的观点。例如，因果关系的"不可解释性"、对价值中立的重新解读、强调对行政现象的"理解"以及对行政科学与行政哲学关系的界定等内容。通过提炼这些观点，本书希望能够对促进行政学研究领域的知识增长做出贡献。

第二章 社会科学研究中的实证主义方法论回溯

第一节 实证主义方法论的学术背景与演进路径

一 实证主义的发端：社会科学对哲学的反抗

尽管人类知识的专业化和学科化在近现代才得以形成，但若追本溯源，无疑要感恩作为人类知识母体的哲学。正是由于哲学的"爱智慧"，它在对最一般、最普遍和最深层问题的"追思"中孕育了现代文明，同时也催生了人类知识的两大殿堂：自然科学与社会科学。正如华勒斯坦（Immanuel Wallerstein）所言："近代知识结构主要是在哲学院里（在较小的程度上也在法学院里）确立起来的。无论是文科领域的从业者，还是自然科学领域的从业者都纷纷涌入哲学院，并在那里建立起多元化的自律学科结构"①。然而，由于古典哲学典范的包容性、综合性和思辨性，它在一定程度上阻碍了近代以来知识专业化和学科化的整体趋向。于是，在近代以来的学术史上掀起了一场"独立于哲学"的抗争。

对哲学的反抗，首先勃兴于自然科学领域。自然科学为什么要反抗哲学呢？这就涉及人类学术史中无法回避的一个大问题，即科学与哲学的关系问题。如果从语境论的视角来检视两者关系演变的历史轨迹，可以发现，科学与哲学的关系大致经历了"自然哲学语境中的原始一体化时期、中世纪宗教神学语境中的非正常关系时期、近代前期经验自然科学语境中的分化独立时期、近代后期理论自然科学语境中的相互渗透时期以及近代科学与哲学相互交融语境中的高度综合时期"这五个阶段。② 可能正是由于科学与哲学经历了"融合—分离—再融合"的循环，学界通常使用诸如"一般与个别""指导与蕴含"等语言来概括两者之间的相互联系，而忽略了两者之间相对独立的关系。正如曾国屏教授指出的："没有相互独立就谈不上相互联系。承认这种相对独立性，是正确认识科学与哲学关系的前提。只看到两者联系的一面，表面上是抬高了哲学，实质上是贬损了哲学；表面上强调了科学与哲学的结合，实际上往往有'过分殷勤'之嫌。"③

相对于哲学而言，自然科学侧重于考察事物的性质和运动规律，强调"解剖"自然，从经验事实中探寻一般性规律。因此，经验性研究对于自然科学日益重要。对此，华勒斯坦的见解无疑是极为深刻的。

①　［美］华勒斯坦等：《开放社会科学》，刘锋译，生活·读书·新知三联书店1997年版，第8页。

②　刘冠军、沙世蕤：《科学与哲学之关系的历史轨迹与未来走向———一种语境论视角的透析》，《山东社会科学》2006年第4期，第79—82页。

③　曾国屏：《当代科学与哲学关系的多维性》，《贵州社会科学》2009年第2期，第8页。

十七、十八世纪建立起来的自然科学主要衍生于天体力学的研究。起初，当人们试图确立对于自然法则的科学探索的合法性和优先性时，他们并未将科学和哲学加以区分，即使是在对这两个领域进行区分时，他们也把两者看成是共同探寻世俗真理的同盟。然而，随着实验性、经验性研究对于科学视界的重要性日益加强，哲学在自然科学家的眼里也日益成为神学的替代物，同样因其先验的真理断言不可验证而备受责难。早在19世纪初期以前，两个知识领域的分化业已失去了它们原先作为两个"独立而平等的"领域的意义，而开始着上一层等级的色彩，至少在自然科学家眼里是如此：一方是具有确实性的知识（科学），另一方是想象性的甚至虚假的知识（非科学）。到19世纪初，科学终于大获全胜，其独尊地位在语言上得到反映。人们把不带限定性形容词的"科学"一语主要地（而且经常是唯一地）与自然科学等同了起来。迄今为止，自然科学一直都在竭力地为自身争取与另一种称为哲学的知识形式完全相异甚至截然对立的社会思想上的合法性，而上述事实则标志着自然科学的这种努力达到了顶点。①

自然科学对哲学的反抗无疑是成功的。自然科学的各个分支先后从包罗万象的哲学中分化出来，并相继形成了各自独立的研究领域和学科阵地。同时，以观察、实验和数学统计为支撑的研究方法，也成为自然科学在研究方法上区别于思辨哲学的显著标志。

---

① ［美］华勒斯坦等：《开放社会科学》，刘锋译，生活·读书·新知三联书店1997年版，第6—7页。

受到自然科学抗争胜利的鼓舞和激励，在哲学内部也产生了躁动，出现了反抗传统哲学立场的"异端"，这就是实证哲学。作为哲学内部的革命分子，实证哲学坚定的支持者们高举知识专门化和学科化的大旗，掀起了对（形而上学）哲学的反抗，并最终促成了社会科学的独立。

对此，华勒斯坦同样做出了精辟的阐释。

> 我们能够对人类的本性、人类彼此之间的关系、人类与各种精神力量的关系以及他们所创造并生活于其间的社会制度进行理智的反思，这一想法至少同有记载的历史一样古老……这些智慧果实要么以启示的形式呈现出来，要么就是对某些永恒真理所作的理性演绎……我们今天所说的社会科学正是这种智慧的后裔，不过它乃是一个关系疏远的后裔，或许经常还是一个忘恩负义的后裔。因为社会科学有意识地给自己规定了一个任务，那就是去追寻超越于任何公认的或演绎的智慧之上的真理。社会科学是近代世界的一项大业，其根源在于，人们试图针对能以某种方式获得经验确证的现实而发展出一种系统的、世俗的知识。①

那么，实证哲学是如何阐述其独立于哲学的立场的呢？实证哲学的创始人，同样也是广义社会学或社会科学的创始人奥古斯特·孔德（Auguste Comte）对此做出了巨大贡献。孔德首先将人类知识的演变归纳为三个阶段，即：神学阶段、形而上学阶段和实证阶段。在神学阶段中，人们将神灵（拜物教）作为各种现象产生的基本原因和基本方式；在形而上学阶段，人们用实体或人格化的抽象物取代神灵来解

---

① ［美］华勒斯坦等：《开放社会科学》，刘锋译，生活·读书·新知三联书店1997年版，第3页。

释世界；在实证阶段，人们则通过被观察现象之间存在的恒定关系（即因果关系），从一切方面对存在物做出系统评价。① 在提出了三阶段规律之后，孔德指出，只有当其与科学分类相结合时，才会产生严格而实际的意义。据此，孔德提出了他关于科学分类的思想。他认为，科学可以划分为六门基本学科，即数学、天文学、物理学、化学、生物学和社会学。这六门学科的序列是不变的，而且这六门学科既是历史的和学理的，又是科学的和逻辑的。其中，第一门（数学）必然是独一无二的出发点，而最后一门（社会学）则是整个实证哲学的唯一基本目标。② 在孔德看来，真正的社会科学是关于社会现象的实证研究。

在另一位实证哲学的集大成者涂尔干看来，社会科学获得"解放"的重要标志就是"独立于哲学"。对此，涂尔干做了如下解释。

> 社会学无须使用那些使形而上学者们发生意见分歧的重要假说。它的全部要求，是叫人们承认可把因果律的原理运用于社会现象的研究……社会学的这种解放，对于哲学本身也极为有利。只要社会学家没有充分地摆脱哲学的影响，它就只能从社会事物的最普遍的方面，即从同宇宙间的其他事物极其相似的方面来认识社会事物。即便处于这种状态的社会学能够用新奇的事实注释哲学，那它也不可能用新的观点来充实哲学，因为它丝毫不能给研究对象增添新的内容……社会学随着自身的日益专业化，便能为哲学的反思提供更为独特的材料。③

---

① ［法］奥古斯特·孔德：《论实证精神》，黄建华译，北京联合出版公司 2013 年版，第 2—10 页。

② 同上书，第 71 页。

③ ［法］E. 迪尔凯姆：《社会学方法的准则》，狄玉明译，商务印书馆 2009 年版，第 152—153 页。

可见，由于受到自然科学独立于哲学的影响极为深刻，实证哲学有着鲜明的科学化指向。实证哲学的代言人和先驱者对哲学的反抗有以下四个出发点。首先，基于事实和现象去探寻和发现具有普适性的规律，反对形而上学哲学的抽象思辨；其次，知识就是经验，就是可以观察到的事实；再次，自然科学发现的方法和逻辑同样适用于对人类社会的研究；最后，把获得实证性或科学性作为社会科学研究的使命。这四个出发点构成了后来冯·赖特（V. Wright）所谓的实证主义三大信仰，即方法论上的一元论。以精确的自然科学发现逻辑作为衡量社会科学的标准、通过因果关系解释社会现象。[①]

可以说，实证哲学的勃兴，是社会科学建制化和学科化的一种表达方式，也是社会科学逐渐形成自身风格和特点的必然要求。但是，正如彼得·温奇（Peter Winch）所言："任何有价值的社会研究在本质上必须是哲学的，任何有价值的哲学必定关心人类社会的本性。"[②]朱红文教授同样指出："既有的学科并不是一堆僵死的知识和概念，而是一种研究路径和方法，一种切入不断变革的现代世界的角度。全球化的时代无疑比以往的世界要复杂得多，因此，我们需要综合性的观念和超越单一学科边界的努力，需要复兴哲学，需要哲学的抽象力和整体地把握社会历史的能力。"[③] 也正因如此，"开放"社会科学极为必要。

社会科学对哲学的反抗催生了实证哲学的勃兴，也加快了社会科

---

① 参见陈炜《实证主义与西方公共行政研究：发展、反思与超越》，《广东行政学院学报》2013 年第 6 期，第 5 页。

② ［英］彼得·温奇：《社会科学的观念及其与哲学的关系》，张庆熊、张缨等译，上海人民出版社 2004 年版，第 3 页。

③ 朱红文：《社会科学与哲学的关系：社会科学史的视角》，《天津社会科学》2003 年第 5 期，第 8 页。

学独立于哲学的步伐。更为重要的是，它造就了一种不同于传统哲学思辨和逻辑推衍的方法论，即实证主义方法论，并成为统治社会科学长达数百年之久的主流方法论。从其历史演进的轨迹来看，实证主义方法论大致经历了前实证主义、传统实证主义和逻辑实证主义三个阶段。

二　前实证主义时期：从亚里士多德到休谟

如果从实证主义的发端来看，一般以孔德的《实证哲学教程》作为实证主义起源的标志。然而，在孔德之前的学术发展史中已经出现了实证主义的端倪，从中可以管窥实证主义的蛛丝马迹，本书将其称为"前实证主义时期"（The Pre‐positivist Era）。这一时期大致经历了从古希腊到17世纪末期的2000多年时间。前实证主义时期涌现出多位杰出的学者和思想家，其中的代表性人物包括：亚里士多德、培根、笛卡尔和休谟。

古希腊杰出的思想家亚里士多德（Aristotle）所处的时代，是大师辈出的时代。与同时代其他伟大的思想家一样，亚里士多德也是一位"百科全书式"的学者。他的研究兴趣极为广泛，囊括了从物理学、生物学、地质学到政治学、伦理学、逻辑学等各个领域。然而，与苏格拉底和柏拉图等学者的不同之处在于，亚里士多德的学术思想不仅包括了理性思辨、感觉和好奇等形而上学的一面，还具有偏好观察、经验以及因果关系等实证主义的一面，他也因此被称为古希腊时期的"第一位科学哲学家"。

首先，亚里士多德强调观察和经验在获取科学知识中的重要作用，他认为观察和经验既是产生科学知识的原因，也是检验科学知识的标准。对于观察的作用，亚里士多德指出："科学研究从观察上升到一般原则，然后再返回到观察"①。在谈到经验的意义时，亚里士多德认为，经验创造了匠人的技巧和科学家的知识。他指出："我们用这样构成的经验来发现属于每一门学科的原则。例如，在天文学中，正是天文学经验提供了这门科学的原则，因为仅当恰当地掌握了现象，才能发现天文学中的证明。对其他任何科学来说，情况也是如此"②。在亚里士多德看来，获取科学知识应当遵循的过程是：观察—感官知觉—记忆—经验—知识。这已经基本接近后来的美国社会学家华莱士（Walter Wallance）在其著名的"科学环"中描述的科学研究的逻辑过程。只不过，华莱士增加了"假设—测量—假设检验"这三个具体的操作过程。③

其次，亚里士多德也非常重视因果关系在获取科学知识中的作用。对此，亚里士多德有过非常精辟的阐释。

> 我们是在寻求现存事物，以及事物之所以成为事物的诸原理与原因。健康与身体良好各有其原因；数学对象有基本原理与要素和原因；一般运用理知的学术，或精或粗，均在研究诸原因与原理。所有这些学术各自划定一些特殊（专门）实是，或某些科属，而加以探索，但它们所探索的却不是这些实是的全称……它们以事物之本体为起点——有些将其作为假设，有些将其作为不问自明的常识——于是它们或强或弱的，进而证明它们所研究的这门类中各事物之主要质性。④

---

① ［古希腊］亚里士多德：《工具论（上）》，余纪元等译，中国人民大学出版社 2003 年版，第 53 页。

② 同上书，第 66 页。

③ 风笑天：《社会学研究方法》，中国人民大学出版社 2005 年版，第 32—33 页。

④ ［古希腊］亚里士多德：《形而上学》，吴寿彭译，商务印书馆 2014 年版，第 133 页。

可见，在亚里士多德看来，科学研究必须求取原因的知识，因为只有当明确了事物的基本原因之后才能真正地了解该事物。他认为，原因可以分为四项，即本因、物因、动因和极因。① 尽管亚里士多德对于因果关系的界定仍然带有强烈的思辨色彩，以致科学哲学家托马斯·库恩（Thomas Kuhn）百思不得其解，像亚里士多德这样一位伟大的哲学家何以有如此天真可笑的见解。② 然而，不可否认的是，亚里士多德虽然没有明确提出经验证实的原则，但他却推崇观察、经验和因果关系，这在那个形而上学思辨方式占据统治地位的时代，已实属不易。他所提出的物因和动因已经类似于现代实证主义方法论中的因果方法。可以说，亚里士多德已经默认了科学研究中的经验证实原则，开启了实证主义的先河。正是得益于亚里士多德在方法论上的贡献，后来的实证主义者们才得以在此基础上开创实证哲学。

亚里士多德关于获取科学知识的途径尤其是他的"四因说"，曾一度被中世纪的教会斥为"异端学说"，甚至被经院哲学的集大成者托马斯·阿奎那（Thomas Aquinas）歪曲利用，成为披着自然科学外衣的神学体系。阿奎那依据"四因说"，提出上帝是"一切形式的形式"，是宇宙的"终极目的"和"第一原因"，并将整个世界描绘成一个自下而上、层层依附并最终归命于上帝的森严的等级体系。③ 经院哲学荒谬的神学体系及其对科学和哲学的压迫与歪曲，激起了许多科学家和哲学家的不满，并最终引发了一场席卷欧洲的文艺复兴运动。

---

① ［古希腊］亚里士多德：《形而上学》，吴寿彭译，商务印书馆2014年版，第7—8页。

② ［美］托马斯·库恩：《科学革命的结构》，金吾伦等译，北京大学出版社2003年版，第133页。

③ ［意］托马斯·阿奎那：《神学大全（论上帝丨论上帝的本质）》，段德智译，商务印书馆2013年版，第15页。

文艺复兴运动中的杰出斗士，英国学者弗朗西斯·培根（Francis Bacon）作为现代实验科学的奠基者，对经院哲学的神学体系提出了严厉的批判。培根认为，科学研究需要以探求自然事物的原因和规律为目的，观念和知识并非来自经院哲学所称的"上帝的启示"，而是来自经验世界。培根指出，经验是一切知识的源泉，只有建立在经验基础之上的知识才是真正的科学知识。那么，如何基于经验来获得知识呢？培根主张，在观察和实验的基础上，通过比较、分析、选择和排除才能得出正确结论，进而获得科学知识。① 由此可见，培根的思想体现了现代经验主义方法论的基本取向，即观察和实验。

与培根同时期的法国哲学家笛卡尔（René Descartes）也是一位早期的实证主义者。与培根推崇经验和实验方法不同的是，笛卡尔是一个唯理论者，他强调演绎和先验推理，主张用"怀疑一切"的方法来求证知识来源的可靠性进而获得真实可靠的科学知识。在笛卡尔看来，只有经过长时间的怀疑，才能发现类似于几何学的确定性知识。笛卡尔指出，获取科学知识的方法分为四个步骤：首先，要避免轻率的判断和先入之见，凡是明确认识到的东西，绝不接受；其次，把每一个难题按照可能和必要的程度分成若干部分；再次，从最简单、最容易认识的对象开始逐一上升，直到认识最复杂的对象；最后，进行全面考察，检验所有的问题是否均得到圆满解决。② 笛卡尔寻求确定性知识的态度及其推崇的演绎推理的方法，成为实证主义方法论中通过演绎形成假设，进而检验假设的基础。

与笛卡尔一样，英国哲学家大卫·休谟（David Hume）也追求确定性知识。然而，在休谟那里，知识被划分为两类：一类是"关于数

---

① ［英］弗朗西斯·培根：《新工具》，许宝骙译，商务印书馆2009年版，第172页。
② ［法］勒内·笛卡尔：《谈谈方法》，王太庆译，商务印书馆2014年版，第16页。

和量的抽象推论"的分析知识，主要包括数学和逻辑学；另一类是"关于事实和存在的推论"的综合性知识，即经验性科学。在休谟看来，所谓"确定性知识"是由命题构成的，并且"这类命题，我们只凭思想作用，就可以把他们发现出来，并不必依据于在宇宙中任何地方存在的任何东西"①。同时，一切"确定性知识"都来自经验，只有通过经验才能予以证实。据此，休谟提出："任何书籍，如果其中既不包含着数和量方面的任何抽象推论，又不包含着关于实在事实和存在的任何经验的推论，那么我们就可以把它投在烈火里，因为它所包含的没有别的，只有诡辩和幻想"②。也就是说，休谟认为，只有数学和经验科学才是确定性的知识，其他任何知识都没有意义。同时，休谟指出，要获得确定性知识，首要的前提就是区分事实与价值。在科学研究中，无法在逻辑上从实然推出应然，因此，科学研究中没有价值的立足之地。休谟关于"确定性知识"的分类及其事实与价值分离的观点，成为后来实证主义的基本信仰之一。

从对亚里士多德、培根、笛卡尔和休谟哲学思想的梳理中可以发现，实证主义方法论的形成由来已久。尽管这些思想家并未明确提出实证主义的概念，但在他们的哲学思想尤其是关于方法论的阐述中，已经贴上了包括观察、经验、事实和实验等要素在内的实证主义的标签。如果说亚里士多德的哲学思想具有"经验和思辨并存"的特点，那么，培根、笛卡尔和休谟则作为彻底的经验主义者拒斥形而上学。正是由于他们的贡献，为实证哲学和实证主义方法论的产生奠定了基石。或许，我们可以将前实证主义时期的观念称为"朴素的实证主义"。

---

① ［英］大卫·休谟：《人类理解研究》，关文运译，商务印书馆1972年版，第26页。
② 同上书，第145页。

三　传统实证主义时期：从孔德到马赫

1830 年孔德《实证哲学教程》的出版，标志着实证主义开始登上学术舞台。自孔德之后，经过诸多坚定的实证主义者们的继承和发展，实证主义最终成为社会科学研究中的主流方法论。从 19 世纪 30 年代孔德提出"实证哲学"的概念，到 20 世纪 30 年代逻辑实证主义的出现，实证主义跨越了一个世纪的时间完成了从形成到成熟的演变，本书将这一阶段称为"传统实证主义时期"（Traditional Positivist Era），这一时期的实证主义可称为"古典实证主义"或"经典实证主义"。传统实证主义时期的杰出代表包括：孔德、密尔、涂尔干和马赫。

作为实证哲学的创始人，孔德对实证主义方法论的贡献可媲美威尔逊（Woodrow Wilson）对行政学的贡献。如果说威尔逊是"行政学之父"，那么孔德就是"实证主义之父"。正是由于孔德的杰出贡献，实证主义作为哲学领域内的"革命者"，华丽地登上了学术舞台。孔德对于实证主义的认识，是在其之前的休谟等经验主义者以及在其之后的涂尔干等实证主义者所无法企及的。因为在孔德那里，实证主义已经超越了单纯的方法论范畴而成为一种"精神"，是孔德毕生所致力于追求和实现的一种"主义"。这种"精神"和"主义"拒斥神学和形而上学，将科学知识的来源深深根植于因果关系的规律之中。孔德的实证哲学与朴素实证主义的不同之处在于，孔德不仅强调观察、事实和经验，更强调在此基础上的预测。对此，孔德曾有过非常精彩的阐释。

为了能够脱离人类的初生状态，人们多么应该认真培养真正的实证精神。科学，实实在在寓于现象的诸规律之中；不管事实本身如何真实、众多，也只为科学提供必不可少的材料。然而，通过考察这些规律的恒常功用，我们可以毫不夸张地说：真正的科学，远非单凭观察而成，它总是趋向于尽可能避免直接探索，而代之以合理的预测，后者从各方面来说都构成实证精神的主要特征。这样的预测，不断发现现象之间的关系的必然结果，它绝不会把真正的科学与虚妄的博学混淆起来，后者机械地堆砌事实，却不想对此加以演绎推断……真正的实证精神主要在于为了预测而观察，根据自然规律不变的普遍信条研究现状，以便推断未来。①

孔德这段阐释的精妙之处就在于，他构建了实证主义方法论在科学研究中的一般过程，即观察事实—推断—因果关系—预测未来。这个过程后来成为科学研究在方法论上的"模板"。吴琼恩教授对此评论道："孔德的实证哲学实际上即实证科学，而其研究方法，即在于发现自然规律，无论社会生活或自然现象均服从此一不变的自然规律。"② 换言之，孔德所致力于构建的实证哲学，实际上是一种与形而上学哲学相对立的"科学的哲学"。在实证哲学那里，只探求实然而不问应然，并在实然的基础上做出预测，这也成为后来的实证主义者们恪守的信仰。孔德创立的实证哲学，是实证主义的渊源。无论实证主义发生了怎样的变迁，它也无法脱离孔德设立的实证精神的范畴。

当孔德的实证哲学在法国兴起之后，19 世纪 40 年代，英国也开始了对实证主义的研究。其中，约翰·密尔（John Mill）做出了卓越的贡献。作为英国实证主义的先行者，密尔的实证主义思想集中体现

---

① ［法］奥古斯特·孔德：《论实证精神》，黄建华译，北京联合出版公司 2013 年版，第 12 页。

② 吴琼恩：《行政学的范围与方法》，（台北）五南图书出版公司 2005 年版，第 94 页。

在其《逻辑体系》一书中。与孔德一样，密尔拒斥形而上学，强调经验事实并主张"科学的哲学"。密尔指出，虽然社会科学比自然科学更为复杂，但两者的研究目的和方法论是相同的，都需要通过对具体事物的观察来发现经验规律（Empirical Uniformities），并在此基础上进行解释和预测。① 与孔德不同之处在于，密尔特别重视归纳逻辑（Inductive Logic）的作用。他认为，我们不但需要发现自然界的定律，而且还要研究发现这些定律的方法，这种方法就是归纳，即自然界的定律可由资料归纳推论而得出。值得注意的是，密尔之所以主张归纳逻辑，主要是基于对形而上学的反对，这与后来波普尔（Karl Popper）反对逻辑实证主义而主张演绎逻辑（Deductive Logic）的路径是一样的。尽管这种归纳逻辑有其不合理的一面，但由于它在程序上的严谨和一致，在科学研究中仍然发挥着重要的影响。正如林肯（Yvonna Lincoln）和库巴（Egon Guba）所言："密尔的逻辑为社会和自然科学提供可使用的首尾一贯的程序原理。虽然仍受到相当多的批评，它的原初形式直到今天仍是具有优势的方法论典范。"②

涂尔干无疑是继孔德之后法国最杰出的实证主义集大成者。涂尔干一方面继承了孔德的实证哲学思想，另一方面又对其做出了进一步的拓展和深化。这种深化和拓展主要体现在两个方面。

首先，涂尔干虽然也认同对因果关系的探求，但他认识到了社会科学与自然科学的不同之处，认为对于自然科学方法论的简单复制并

① John Mill. *A System of Logic, Ratiocinative and Inductive: Being a Connected View of The Principles of Evidence and The Methods of Scientific Investigation*. New York: Harper & Brothers, 1882, p. 326.

② Yvonna Lincoln, Egon Guba. *Naturalistic Inquiry*. C. A.: Sage Publications, 1985, p. 20.

将其移植到社会科学研究中是有害的。在涂尔干看来，不能把非社会科学（包括人文科学和自然科学）的概念和方法，用于社会科学的研究。社会科学研究的对象是社会事实，在社会科学中探求的因果关系，是社会事实之间的因果关系，即用一种社会事实来解释另一种社会事实，而不能把社会事实简化为心理条件或机体的生存条件，这样只会使复杂的社会事实失去其固有的性质。① 涂尔干认为，生物社会学家的错误，就在于试图从生物学的规律中推导出社会研究的规律，这是毫无意义的。涂尔干对这种"个体主义社会学"提出了强烈批判。

> 个体主义社会学只是把物质论的形而上学的旧原理运用到社会生活之中而已。它所坚持的原则就是通过简单解释复杂，通过低等解释高等，通过部分解释整体，所有这些都充满矛盾……我们必须通过整体特有的属性来解释现象是整体的产物，通过复杂来解释复杂，通过社会来解释社会事实……这是科学研究所能遵循的唯一途径。②

其次，如果说孔德的实证哲学致力于构建的是实证主义的理论体系，那么，涂尔干除了在理论上对其做出进一步的深化之外，他还将其运用于社会学研究的实践中，《自杀论》便是涂尔干运用实证主义方法论完成的经典著作。

除了上述三位实证主义的先驱者之外，还有一位与涂尔干同时代的实证主义者同样值得关注，他就是奥地利学者恩斯特·马赫（Ernst

---

① ［法］E. 迪尔凯姆：《社会学方法的准则》，狄玉明译，商务印书馆 2009 年版，第 155—156 页。

② ［法］爱弥尔·涂尔干：《社会学与哲学》，梁栋译，上海人民出版社 2002 年版，第 29—30 页。

Mach）。马赫是一位著名的物理学家，同时也是一位哲学家。与孔德和涂尔干等人相比，马赫是一位更为彻底的反形而上学者。由于他的双重身份，马赫不仅主张在哲学中清除形而上学，而且也强调在科学中尤其是在物理学中清除形而上学的基础。马赫把世界归结为感觉要素彼此间相互作用而形成的复合体，主张科学研究要从经验出发，建立"统一的科学"。对此，马赫解释道：

> 如果我们将整个物质世界分解为一些要素，它们同时也是心理世界的要素，即一般称为感觉的要素，如果更进一步将一切科学领域内同类要素的结合、联系和相互依存关系的研究当作科学的唯一任务，那么，我们就有理由期待在这种概念的基础上形成一种统一的、一元论的宇宙结构，同时摆脱恼人的、引起思想紊乱的二元论。①

一方面，马赫认为，科学研究的任务和范围就是对感觉印象（经验）的规律或者其出现的序列加以描述，一旦超越了这种感觉印象而对于超验的东西有所追问（如欲对客观世界加以解释），就会涉及形而上学的问题，科学家必须对此提高警惕。

另一方面，在马赫看来，自然界既无原因也无结果，一旦人们要追问其间的因果关系，就会涉及世界或自然的本源问题，那样便陷入了形而上学的陷阱。因此，马赫主张用函数关系来替代因果关系，因为函数关系能够更为精确地表达出因果关系所要表达的含义。②

从以上的梳理中可以发现，传统实证主义时期思想家们的实证主

---

① ［奥］恩斯特·马赫：《感觉的分析》，洪谦等译，商务印书馆2009年版，第185—186页。
② 同上书，第133页。

义观在学术观念上是相同的，即拒斥形而上学，强调对事实的观察，对因果关系的探寻以及在此基础上的预测。如果从库恩关于科学革命过程中典范变迁的视角来看，传统实证主义时期已经出现了一个科学共同体并形成了共同体信仰，实证主义典范已经产生。尽管涂尔干反对在社会科学研究中简单套用自然科学的概念和方法，但他仍然坚持认为实验方法是社会科学研究中探寻现象之间因果关系的重要方法。随着学术研究的进一步推进，尤其是物理学革命的巨大影响，社会科学研究不可避免地出现了定量化和操作化的趋向。马赫"用精确的函数关系来表达因果关系"的主张逐渐开始流行，进而推动了传统实证主义向逻辑实证主义的演变。

四 逻辑实证主义时期：从罗素到卡尔纳普

逻辑实证主义的起源可追溯至罗素（Bertrand Russell）和维特根斯坦（Ludwig Wittgenstein）共同倡导的逻辑原子论。逻辑原子论创设的逻辑分析方法成为逻辑实证主义的基石，罗素和维特根斯坦也因此被誉为逻辑实证主义的先驱者和精神领袖。

作为分析哲学的创始人之一，罗素全部哲学思想的中心就是"逻辑"或"逻辑分析"。罗素对于逻辑实证主义的影响主要体现在以下几个方面。首先，拒斥形而上学。罗素认为，知识必须局限于经验的范围而不能超越经验的范围，否则就是独断论或形而上学；其次，哲学的本质就是逻辑。在罗素看来，哲学的任务就是对通过经验及科学建立起来的命题进行逻辑分析，它可以使科学命题更加清晰明确，也可以使从经验中得到的不确定和有疑问的东西变得确定和没有疑问；最后，逻辑原子论。罗素指出，通过对某一事物不断进行逻辑分析，直到无可分析为止，那么剩下的就是逻辑原子。之所以称为逻辑原子，是因为"它们并不是小粒小粒的物质，而是构成事物的所谓观念"①。逻辑原子又可称为"原子命题"（Atomic Proposition），它们产生于"原子事实"。所谓"原子事实"，并非某一个简单的事物，而是事物所具有的某种性质或事物之间的某种关系。原子命题是构成经验世界的基本材料，是再也无法分割的最基本的感觉经验。

在罗素的分析哲学中，我们所处的经验世界是由原子命题构成的。将诸多原子命题用"除非""假如"和"或者"等连词连接起来，便构成了分子命题。把原子命题和分子命题通过逻辑分析进行推理，便形成了语言系统，而整个经验世界就是通过语言系统来表达的。需要指出的是，罗素所说的逻辑就是数理逻辑。通过数理逻辑的推演来分析科学命题既是哲学的根本任务，也是哲学的目的和方法。这就是罗素分析哲学的核心思想，也是逻辑实证主义中逻辑分析方法的渊源。

作为罗素的学生，维特根斯坦继承并发展了罗素创立的逻辑原子论。1922 年维特根斯坦的《逻辑哲学论》英文版问世之后，对后来的逻辑实证主义者们产生了巨大的影响。逻辑实证主义的代表人物卡尔纳普（Rudolf Carnap）就曾宣称："就我来说，维特根斯坦是除罗素和弗雷格以外，对我思想产生最大影响的哲学家。在维也纳小组里，我们高声朗读维特根斯坦的《逻辑哲学论》一书的大部分，并逐句加以讨论。"② 另一位逻辑实证主义的集大成者石里克（Moritz Schlick）也认为："我确信我们正处在哲学上彻底的转变之中……而维特根斯坦（在 1922 年的《逻辑哲学论》中）则是一直推进到这个

---

① 转引自谢庆绵主编《现代西方哲学评介》，厦门大学出版社 1989 年版，第 262 页。
② 转引自陈启伟主编《现代西方哲学论著选读》，北京大学出版社 1992 年版，第 442 页。

决定性转变的第一人。"①

与罗素一样,维特根斯坦反对形而上学,并力图通过对语言的逻辑分析来消灭形而上学。维特根斯坦认为,哲学研究的重要任务是区分命题是否有意义,凡是能够为人们的思想所认识的,就是有意义的命题;反之,就是没有意义的命题。那么,一个命题如何才能为人们的思想所认识呢?他认为,如果一个命题在结构上可以通过语言进行逻辑分析,就可以为人们的思想所认识,进而也就有了意义。以此为标准,他指出:"许多哲学语句,尤其传统形而上学的语句都是没有认识内容的假语句。"② 传统形而上学哲学中诸如上帝是否存在、人性是否善恶等命题,无法运用语言进行逻辑结构的分析,它们超出了人类认识的能力,因而是没有意义的命题。

另外,如果说罗素逻辑原子论的核心概念是"原子命题",那么,维特根斯坦逻辑哲学论的核心概念就是"图式"(Picture)。在维特根斯坦看来,语言是关于世界的图式,是由无数个描述事实的小图式按照逻辑结构组合而成的大图式。现实世界是由事实、原子事实和简单物体三个层次构成的,相应地,语言也包括了命题、基本命题和简单名称三个层次。这就是语言与现实世界的关系。③

可见,维特根斯坦与罗素一样,均排斥形而上学,强调逻辑分析在哲学研究中的重要作用,哲学就是对语言的逻辑分析。相比于罗素对经验的强调,维特根斯坦更注重对语言逻辑结构的分析。凡是可以进行语言上的逻辑分析的命题,就是有意义的命题;反之,则是没有意义的命题。维特根斯坦认为,人们认识世界的主要途径就是首先对

---

① 转引自洪谦主编《逻辑经验主义(上卷)》,商务印书馆1982年版,第7页。
② [奥]路德维希·维特根斯坦:《逻辑哲学论》,贺绍甲译,商务印书馆2009年版,第23页。
③ 同上书,第75—76页。

其进行语言上的表达，然后进行逻辑结构的分析。具体的分析路径就是用简单名称来表达简单物体，然后形成基本命题来表达原子事实，最后由基本命题构成有意义的大命题（大图式）来描述事实，进而认识世界。这一路径成为逻辑实证主义中的概念—命题—假设研究路径的范本。只不过逻辑实证主义进一步通过操作化过程，将抽象程度较高的概念操作化为可以直接测量并进行定量分析的变量，从而使语言更加精致化。

在罗素和维特根斯坦等先驱者们所提出的逻辑分析的基础上，1929 年，石里克和卡尔纳普等维也纳学派核心成员发表了《维也纳学派：科学的世界观》一文，标志着逻辑实证主义的正式形成，维也纳学派也成为当时最具影响力的哲学流派之一。其中，以石里克为代表的激进的逻辑实证主义者主张，一切科学的陈述或概念体系都应当以直接的经验事实作为基础和依据。石里克认为，只有一个唯一的经验世界，在其背后根本不存在什么"超越的实在"，形而上学毫无意义，必须将其彻底地清除出哲学世界。石里克提出了逻辑实证主义的一个基本信条，即一个命题的意义就是它的实证方法。① 在石里克看来，只有可用经验证实的命题才是有意义的命题，这就是所谓的"可证实性"（Verifiability）原则。这一原则表明，在获取科学知识的过程中，只有数学和演绎逻辑等分析性陈述，以及可用经验证实的陈述才是有意义的，诸如价值陈述等其他的陈述或命题均是毫无意义的。

对于石里克提出的"可证实性"原则，卡尔纳普早期是支持的，但后来他却认为，这一原则过于简单，它在把形而上学排除在外的同

---

① ［德］莫里茨·石里克：《自然哲学》，陈维杭译，商务印书馆 2009 年版，第76页。

时，也将一些较为抽象的、理论性较强的科学命题排除了。因此，卡尔纳普将"可证实性"修正为"可确认性"（Confirmability）。同时，作为物理主义的代表人物，卡尔纳普主张建立统一的科学。要建立统一的科学，首要任务是为各学科构建统一的语言。在卡尔纳普看来，由于物理语言所具有的主体间性（Inter - subjectivity）和普遍性，它可以成为一种公共的语言，各学科的语言都可以"翻译"为物理语言。因此，可以运用物理语言来构建统一的科学。①

作为逻辑实证主义的两个旗帜性人物，石里克和卡尔纳普尽管在"可证实性"原则上存在一些分歧，但这并不妨碍他们把逻辑实证主义推向科学研究的巅峰。正是由于他们以及他们所在的科学共同体——维也纳学派的鼎力推崇，逻辑实证主义在积聚了传统实证主义、逻辑原子论和语言分析的精髓之后，形成了自身的学术体系。它拒斥形而上学，认为形而上学"滥用语言"，主张建立一种"科学的哲学"；它认为知识必须依赖于经验，并把孔德的实证原则语言化，强调用语言来表达经验世界并对其进行逻辑分析，认为只有能用语言表达并可以接受逻辑分析的命题才是有意义的；它强调通过逻辑推衍来探求现象之间的因果关系；它主张依靠物理语言来实现各学科的整合，把社会科学纳入自然科学的纲领，建立统一的科学。

对于逻辑实证主义的精神，可援引罗姆·哈瑞（Rom Harre）的一段论述予以概括。

科学方法论的实证传统基于这样的原则，即任何现象唯一可靠的知识可以化约为特定的感官形态的事例。定律被视为描述这

---

① ［美］鲁道夫·卡尔纳普：《科学哲学导论》，张华夏等译，中国人民大学出版社2007年版，第143页。

类形态的或然率通则，其唯一的角色是促进对未来感觉经验的预测。理论是这些定律在逻辑次序上的组合。其结果是理论被化约为预测所必要的一种逻辑上的工具。实证论者主张，理解——理论的努力，可经由两个过程来完成。其一是对理论讨论的分析，其目的在于揭示其逻辑结构；其二是理论的经验内容是由定律所描述的观察的逻辑结构来认定的。因此，当代实证主义的两个面向即逻辑的与经验的，当代实证主义有时也叫作"逻辑经验主义"。①

从20世纪50年代开始，逻辑实证主义遭到包括波普尔和库恩等科学哲学家的质疑和批判，尤其是它的"可证实性"更是遭到众多责难。其中，以波普尔的证伪主义（Falsificationism）最为引人注目。在波普尔看来，人们无法通过演绎来证实一个科学命题，但却可以通过演绎来证伪一个命题。波普尔认为，如果一个命题或理论属于两个非空的子类，即所有那些和理论不一致的基础陈述，以及那些和理论不矛盾的基础陈述，那么，它就可以称作"经验的"或"可证伪的"。② 也就是说，并不是所有的经验命题都是逻辑实证主义者们宣称的"可证实的"，但却都是"可证伪的"。波普尔的证伪主义在批判逻辑实证主义的"可证实"原则的同时，也存在一个严重的问题，那就是不能抛开其他所必须的预设和条件来检验一个假设，这就是假设检验中的整体主义原则或称为"杜恒—奎因原

---

① Rom Harre. *The Philosophies of Science*. London：Oxford University Press，1981，p. 3.
② ［英］卡尔·波普尔：《科学发现的逻辑》，查汝强等译，中央美术学院出版社2008年版，第61页。

则"。① 面对这些质疑，逻辑实证主义逐渐开始对其方法论立场做出调整，用近似于卡尔纳普的"可验证性"原则的较弱的验证来取代强烈的证实，并于 20 世纪 60 年代逐渐发展出"后实证主义"（Post – Logical Positivism）。然而，虽然后实证主义带有实证主义的标签，但它在方法论上的许多立场和原则实际上都是反实证主义的，因此，不对其予以梳理。

第二节　实证主义方法论的学术观念

关于实证主义方法论的学术观念，在前文的阐述中已多有涉及，现集中梳理如下。

一　事实与经验

事实与经验既是实证主义的基石，更是实证主义的灵魂。事实与经验是实证主义中"实证"的来源，也是实证哲学与形而上学最根本的区别所在。实证主义者之所以拒斥形而上学，最重要的原因就是在他们看来，形而上学和神学（包括经院哲学）所致力于寻求的关于世界的"本原"、终极目的以及所谓的"上帝的本质"的绝对知识是毫无意义的，因为它们根本就不存在。之所以说它们不存在，是因为它们无法被我们的经验所感知。在孔德

---

① Charles Teddlie, Abbas Tashakkori. *Foundations of Mixed Methods Research*：*Integrating Quantitative and Qualitative Approaches in the Social and Behavioral Science.* Thousand Oaks CA：Sage，2008，p. 53.

看来，形而上学与神学一样，都试图去解释存在物的深刻本质和万事万物的起源和使命，只不过形而上学并不是像神学那样运用超自然因素来解释现象产生的基本方式，而是以实体或人格化的抽象物取而代之。因此，形而上学实际上不过是受瓦解性简化冲击而变得软弱无力的一种神学而已。①

那么，什么是事实和经验呢？实证主义者认为，事实就是"社会事实"，是一种"特殊的实在"。它存在于个人之外，且具有个人不得不服从的强制力。在涂尔干看来，社会事实就是"社会的物"。他认为，一切行为方式，不论它是固定的还是不固定的，凡是能从外部给予个人以约束的，或者普遍存在于该社会各处并具有其固有存在的，不管其在个人身上的表现如何，都叫作社会事实。② 也就是说，事实之所以是"社会事实"，是因为它是由生活在社会之中的人所经历过的"物"，它是切切实实存在并且与人们的社会经验密不可分的。因此，它一方面区别于形而上学虚无缥缈的、类似于"空中楼阁"的绝对知识，另一方面也有别于生物学和心理学等自然科学的"自然世界"。显然，早期的实证主义者之所以强调"社会事实"，是为了更好地使社会科学"独立于哲学"，同时也避免受到自然科学过深的浸淫。只有强调"社会事实"，才能为社会科学划定一个属于自身的研究领域。

至于经验，在实证主义的范畴中，它更多是指人们亲身经历过的、有着切身体会的事物或社会现象。正是由于人们对此有着切实的感知和体验，人们才发现它们是独立于人自身之外并且对人有各种影

---

① ［法］奥古斯特·孔德：《论实证精神》，黄建华译，北京联合出版公司 2013 年版，第 6—8 页。

② ［法］E. 迪尔凯姆：《社会学方法的准则》，狄玉明译，商务印书馆 2009 年版，第 34 页。

响力和约束力的东西。实际上，经验与事实是密不可分的。经验产生于事实，是人们对其所经历过的事物或社会现象的一种总结；事实只能通过经验去认识，超过经验范围之外的知识都不是事实，也不可能是科学的知识。因此，在密尔等传统实证主义者那里，事实已经与经验连在了一起，被称为"经验事实"。到了维特根斯坦等逻辑实证主义者那里，经验事实成为区分有意义和无意义命题的标准，因为经验事实是可以通过具有逻辑结构的语言表达出来的，而建立在经验事实基础上的"经验证实"原则，成为逻辑实证主义的基本信仰。可见，事实与经验或"经验事实"是实证主义与形而上学的根本区别，也是实证主义最为基本的学术观念。

二　观察与实验

既然社会科学研究的对象是经验事实，那么，通过何种方法来获得关于经验事实的知识呢？实证主义采取的方法，是观察和实验。观察和实验既有别于形而上学的思辨，同时也彰显出自然科学对社会科学的深刻影响。早在前实证主义时期，亚里士多德就非常重视观察在科学研究中的作用，认为科学知识的获得是从观察开始并最终返回观察。孔德和涂尔干等传统实证主义者也非常注重对社会现象或社会事实的观察。可以说，在实证主义那里，观察是真正的科学研究迈出的第一步，也是获得科学知识的第一步。无论是孔德的实证精神，还是涂尔干的方法准则，观察都是必不可少的原则。那么，观察的作用体现在何处？或者说，观察是如何帮助人们认识社会事实的呢？一方面，观察可以帮助人们获得感性的材料，而这些感性材料是科学研究必不可少的；另一方面，观察是在事物之间建立联系的基本依据。尽管观察到的可能只是事物的外在属性，但它却是宝贵的一手材料。

对于实验方法的采用同样贯穿于实证主义的发展历程，而实证主义对实验方法的热衷，也充分体现出其所具有的科学色彩。实证主义认为，自然科学研究可以采用实验方法，社会科学研究同样可以。培根和笛卡尔等早期的实证主义者就主张在实验的基础上归纳经验，而休谟之所以能够对形而上学展开深入地批判，一个非常重要的原因就是他试图用牛顿的实验推理方法来改造哲学，用自然的描述和经验的分析来表述其"简单知觉"和"观念联系的原则"。尽管密尔基于社会现象的复杂性认为实验方法并不适合于社会科学研究，但涂尔干却坚持认为，虽然社会现象比生物现象和物理—化学现象更为复杂，导致实验方法在社会科学中的运用更为困难，却并不意味着在社会科学研究中运用实验方法是不可能的。在涂尔干那里，共变法成为发现因果关系的最佳途径。马赫提出用函数关系来替代因果关系，更是将实验法的实质展示得淋漓尽致。

在现代定量研究中，实验（Experiment）可以被描述为"一种经过精心的设计，并在高度控制的条件下，通过操纵某些因素，来研究变量之间因果关系的方法"[①]。实验的基本要素包括：实验组与控制组、前测与后测以及自变量与因变量。实验的目的，就是通过对实验组与控制组的操纵，来比较前测与后测的结果，进而探寻自变量（实验刺激）对因变量的影响。实证主义认可实验方法在社会科学中的运用，实际上隐含了一个前提，即社会事物或社会现象之间的关系可以化约为变量之间的关系，而操作化（Operationalization）则是实现这种化约的途径。这就好比通过一项化学实验来检验两个元素之间的关系

---

① 风笑天：《社会学研究方法》，中国人民大学出版社 2005 年版，第 194 页。

一样。实际上，前文已经指出，涂尔干虽然提倡在社会科学研究中运用实验方法，但他却反对这种简单的化约，认为这种化约会抽掉社会事物固有的性质。然而，社会科学"精致化"或"科学化"的发展趋势却使其与涂尔干的主张渐行渐远。在现代社会科学研究中，实验法日益成为解释社会事物或社会现象之间关系的重要方法。

三　解释与预测

如果说在实证主义的观念中，经验事实是社会科学研究的对象，观察和实验是社会科学研究的方法，那么，解释和预测则是社会科学研究的目的。

在社会科学研究中，研究者在对研究对象进行"是什么"（What）和"怎么样"（How）的描述的基础上，还需要探究研究对象"为什么"（Why）是这样，这就是"解释"（Explanation）的意义所在。解释的目的是探寻社会现象背后的原因，它"旨在说明事情、事件或情景的原因，并揭示'为什么'以及'如何'成为目前的样子"[①]。在实证主义者看来，社会科学研究不能仅仅停留在认识和了解社会现象或社会事物状况的层次上，而是需要在此基础上更进一步，去挖掘现象发生或变化的内在规律。于是，我们便触及到了实证主义的一个核心观念，那就是因果关系或称为"因果定律"。因果关系最初被用来描述各种物理现象或化学元素之间的关系，后来被实证主义者沿用到社会科学研究中，成为反抗神学和形而上学的"奥秘"和"本源"。在孔德看来，实证哲学之所以是人类智慧成熟的根本革命，主要是因为它的研究目的是单纯的规律探求，这种规律就是被观察现象之间存在的

---

① 蒋逸民编著：《社会科学方法论》，重庆大学出版社 2011 年版，第 106 页。

恒定关系，这种逻辑与自然科学是一样的。孔德指出："不管是微末的或重大的效应，不管是撞击或是重力，也无论是思想或道德，我们实际上只能了解它们形成的各种相互关系，而永远不会了解它们产生的奥秘。"[1] 涂尔干的阐述则更为明确，他指出：

> 社会学的全部要求，是叫人们承认可把因果律的原理运用于社会现象的研究。而且，在社会学上这一原理不是作为一种合理的必然性，而是作为一种经验的公设，即合理的归纳的产物而提出的。因为因果定律已在其他自然的领域里得到证实，即其作用范围已逐渐由物理——化学世界扩大到生物学世界，进而由生物学世界扩大到心理学世界，所以我们有理由认为把它用于社会学世界也同样是恰当的。[2]

可见，早期的实证主义者非常推崇因果关系。在他们看来，只有对社会现象之间的因果关系做出解释，才是社会科学研究的目的所在。尽管马赫主张用函数关系来代替因果关系，但实际上，函数关系本质上是一种更加精确化的因果关系。逻辑实证主义者的"逻辑分析"和"可证实性"，则主张通过（数理）逻辑分析对因果关系做出验证。因此，如果说解释是社会科学的研究目的，那么，解释的对象就是社会事物或现象之间的因果关系。

然而，在实证主义者看来，解释只是社会科学研究的目的之一，还有一个比解释的层次更高的目的，那就是预测（Prediction）。预测的逻辑，就是根据已知（过去和现在）去推测未来，探求社会现

---

① ［法］奥古斯特·孔德：《论实证精神》，黄建华译，北京联合出版公司2013年版，第12页。

② ［法］E. 迪尔凯姆：《社会学方法的准则》，狄玉明译，商务印书馆2009年版，第152—153页。

象在未来的变化或发展趋势。一般而言，预测有两种途径：一是凭借实践经验，依靠感觉判断；二是依据已经掌握的资料，利用科学方法，按照事物发展的客观规律，对其未来的发展趋势做出预计和推测。早期的实证主义者通常依循第一种途径的预测。孔德就曾指出，构成实证精神的主要特征就是合理的预测，真正的实证精神主要在于"为了预测而观察，根据自然规律不变的普遍信条研究现状，以便推断未来"①。早期的实证主义者虽然提出在探寻因果关系的基础上做出预测，但囿于当时的客观条件，他们的预测只能凭借感觉和经验来进行。随着科学研究的发展和科学知识的丰富，后来的实证主义者广泛借鉴了实验法和数理分析法等科学方法，在考察社会现象之间因果关系的基础上，能够对其未来的发展趋势做出更为精确的预测。

秉持实证主义的社会科学研究在处理解释和预测的关系时，通常有两种意见。一种意见认为，实证研究的目的就是为了单纯地对社会现象之间的关系做出解释，即解释原因而后说明关系，告诉人们"为什么是这样"就可以了，无须在此基础上做出预测。依循这种意见做出的研究被称为"解释性研究"；另一种意见认为，仅有解释是不够的，因为仅有解释，无法对某些消极的社会现象加以控制。只有在解释的基础上对社会现象的发展趋势做出预测，才有可能对其进行干预，以尽可能消除其不利影响。这就是所谓的"解释—对策性研究"。

本书认可第二种意见。如果我们不对社会现象的发展趋势做出预测，就无法帮助实践者采取有针对性的措施对其进行干预。例

---

① ［法］奥古斯特·孔德：《论实证精神》，黄建华译，北京联合出版公司 2013 年版，第 12 页。

如，我们通过研究解释了交通拥挤是引发某个城市骚乱的原因，那么我们就可以预测骚乱将于何时发生，至少可以较为精确地预测易发生骚乱的地点，进而帮助该城市的公共部门有针对性地设计出控制拥挤的对策和方案。这既是实证精神的一项基本原则，也是连接学术研究与实践场域的桥梁，更是社会科学指向真实世界的纽带。

四　价值中立

价值中立，也称为价值无涉（Value－Free），它是实证主义方法论的灵魂。在实证主义者看来，价值中立是保持社会科学研究客观性，进而获得真实可靠的科学知识的前提。事实与经验、观察与实验、解释与预测这三个实证主义的学术观念，也是建立在价值中立这个核心观念基础之上的。如果无法秉持价值中立的观念，那么，上述三个学术观念也就无从谈起。

实证主义所强调的"经验事实"是一种客观存在，即"实然"。无论是观察与实验，还是解释与预测，均以"实然"为对象，而价值判断则是"应然"。与拒斥形而上学一样，实证主义同样强烈地排斥价值判断，这种传统在早期的实证主义者那里就非常鲜明地体现了出来。涂尔干就认为，社会科学研究应像自然科学一样，避免使用容易夹杂观察者个人主观成分的感性材料，而只能采用具有足够的客观性的感性材料为准则，社会科学研究必须始终如一地摆脱一切预设。涂尔干尤其排斥"感情"这种主观性的东西，认为感情是一种神秘学说，是对全部科学的否定，无论怎样反对它都不过分。对此，涂尔干有如下解释。

> 对于社会事物的感情与其他方面的感情相比，没有特别优越之处，因为它们的根源是相同的。它们不是来自一种我也不清楚

的关于现实的先验的预感，而是随着环境的变迁偶然并杂乱无章地积累起来的、没有加以有系统地解释的全部印象和感受的结果。它们并没有向我们提供高于理性之光的光明，反而在我们面前呈现出一种确实强大的、但完全是混乱的状态。如果赋予这样的感性以优越性，那就等于承认低智力优于高智力，等于强迫自己做强词夺理的空谈。①

以涂尔干为代表的传统实证主义者认为，社会科学研究的任务在于说明社会现象或社会事物"是什么"，而不能对其"应该是什么"或"应该如何"做出价值判断。逻辑实证主义者在此基础上，提出事实与价值的分离，认为社会科学研究应使用逻辑分析，决不能使用价值判断，因为无法运用逻辑分析方法从经验事实中推出价值判断。因此，价值在社会科学研究中不应存在，社会科学与自然科学一样，在本质上是价值无涉的。

实际上，实证主义者信奉的价值中立的原型，可以追溯至马克斯·韦伯（Max Weber）的价值中立论或价值无涉说。在韦伯看来，价值判断是"受到我们行动影响的现象是卑下的或是正当的评价"②，它也因此包含了评价者赞成或反对的态度。韦伯认为，这种赞成或反对的判断与经验事实并无必然的联系。价值判断无法取代经验的认识，而且从对经验事实的分析中也无法延伸至关于事实本身的价值判断。韦伯对此进行了阐释。

经验科学无法向任何人说明他应该做什么，而只是说明他能

---

① ［法］E. 迪尔凯姆：《社会学方法的准则》，狄玉明译，商务印书馆 2009 年版，第 53 页。
② ［德］马克斯·韦伯：《社会科学方法论》，韩水法、莫茜译，中央编译出版社 2008 年版，第 136 页。

做什么——和在某些情况下——他想要做什么……的确，"个人"的尊严在于这样一个事实：对他来说存在着一种维系自己生活的价值，这种价值在个别的情况下甚至唯一地存在于自己独居个性的范围之内。于是，"自我充分发展"在具有他可向其要求作为价值有效性的益处时，才是他用以指导自己的观念。无论如何，只有在有价值信仰的前提下，实际地赞成价值判断的努力才有意义。但是，评价这种价值的有效性，是信仰的事情，同时或许是一种根据生活和世界的意义对它们进行思辨的考察和解释的任务，但是就应在这里维护这种价值有效性这一层意义而言，这的确不是经验科学的课题。①

这段阐述扼要地勾勒出韦伯价值无涉论的基本观点。在韦伯看来，经验科学只能告诉人们事实是什么，而绝不能教导人们应该做什么。从"实然"无法上升至"应然"，因此经验科学必须拒绝承担价值判断的任务。只有这样，才能确保科学认识的客观性。

韦伯的价值无涉论奠定了实证主义价值中立的基础。实证主义在韦伯价值无涉论的基础上进一步指出，事实与价值是截然不同的两个领域。社会科学研究的对象是经验事实，而经验事实与价值判断没有任何联系。社会科学只能对社会现象之间的因果关系做出解释，而不应也无法对其做出价值判断，这正如自然科学无法对其所研究的自然现象做出好恶评价一样。同时，实证主义所强调的价值中立还有另一层含义，那就是社会科学研究者不能将自身的价值观念渗透或贯穿到研究过程中，相反，他需要"从事实资料中概括出结论，而不管研究

---

① ［德］马克斯·韦伯：《社会科学方法论》，韩水法、莫茜译，中央编译出版社2008年版，第6页。

的结果对自己有利还是不利"①。简言之，社会科学只能认识"实然"，而不能评价"应然"。

实证主义方法论这几个主要的学术观念是密不可分的。事实与经验构成了社会科学的研究对象，观察与实验成为社会科学的研究方法，解释与预测则是社会科学的研究目的，即通过观察与实验的方法来认识社会现象，进而对其因果关系做出解释，并在此基础上预测社会现象的发展趋势。要实现这一个完整的研究过程，研究者必须做到价值中立。否则，就无法保证研究的客观性，也无法获得真实可靠的科学知识。

五　实证主义方法论的学术观念对社会科学研究的影响

实证主义方法论的四大学术观念，对社会科学研究产生了重要的影响。

首先，它要求研究者必须做到价值中立，不能在研究中倾注自身的情感。在一项具体的研究过程中，对于研究者而言，研究对象只是供研究者研究的冰冷的"客观存在"。即便研究对象是有血有肉的人，也只能将其当作物来看待而不能与其进行情感互动。一旦研究者与研究对象之间发生了情感上的交流，如同情或资助研究对象，那么，必然会影响研究的客观性，无法获得真实可靠的研究结果。

其次，它要求社会科学研究必须以探寻因果关系为目的。实证主义方法论的一个重要学术观念就是解释。解释的是什么？解释的是因果关系。一种社会现象的产生，必然有其产生的原因。因此，在社会科学研究中，研究者必须在纷繁复杂的社会现象中找寻其中的联系，

---

① 王海燕、尹东波：《韦伯"价值中立"学说的质疑与"僭越"》，《广西民族大学学报》（哲学社会科学版）2006 年第 5 期，第 87 页。

并将其操作化为可以用数理方法进行检验的假设。有学者指出，之所以要在社会科学研究中寻找因果关系，是因为因果关系可以"打开黑箱、强调能动并增强解释力"①。一旦失去了对因果关系的探寻，社会科学研究就会迷失方向，走向歧途，甚至陷入"宏大叙事"的囹圄。

最后，它要求社会科学研究必须采用自然科学的方法来获得对因果关系的解释。既然社会科学研究必须以探寻社会现象之间的因果关系为目的，那么，通过什么方法来获得对因果关系的解释呢？在实证主义者看来，自然科学研究中广泛运用的实验法和数理分析法，无疑是获得这种解释的最佳途径。在社会科学研究中，运用实验法要求研究者必须拥有对研究对象高度的控制能力，包括很好地"孤立"和"操纵"研究对象中的自变量，在其无察觉的情况下展开实验操作。同时，它还要求研究者运用数理方法，并掌握先进的统计分析技术，包括统计软件的操作、各种测量方法的熟练运用等。只有严格地按照实验法和数理分析法的逻辑，研究者才能对变量之间的关系做出精确地判断和预测，进而才能获得对因果关系的精确解释。

总之，实证主义的这四大学术观念密切结合，构成了一个严密的逻辑体系（图2-1）并对社会科学研究产生了深远的影响。直到今天，这个严密的逻辑体系仍被大多数实证主义方法论的拥趸津津乐道。那么，在社会科学研究中，实证主义作为一种流行的方法论，是如何依据其学术观念展开研究的呢？这就需要对实证主义观照下的社会科学研究过程进行考察。

---

① 刘骥、张玲、陈子恪：《社会科学为什么要找因果机制——一种打开黑箱、强调能动的方法论尝试》，《公共行政评论》2011年第4期，第50页。

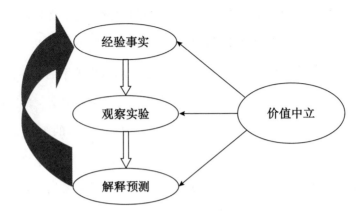

图 2 - 1　实证主义四大学术观念的逻辑关系

第三节　社会科学研究中实证主义
方法论的研究过程

实证主义发展的三个阶段，即前实证主义、传统实证主义和逻辑实证主义，无不受到自然科学的影响。实证主义的四大学术观念，同样以自然科学的学术观念为模板。因此，当实证主义作为一种方法论时，以其为支撑的研究过程便不可避免地彰显出自然科学的色彩。实证主义宣称自己运用的是"科学的方法"，既然是科学的方法，就至少需要满足两个条件，一是客观性，即科学方法是以事实为依据的方法；二是严密性，即科学方法是讲求"精度"与"确度"的方法。[①]　在一项具体的研究中，依循科学的方法获取知识的研究过程，即是所谓的"科学发现的

[①]　陈超尘：《研究方法论》，台北市基隆路 3 段 30 巷 3 弄 23 号，作者 2009 年自行出版，第 59 页。

逻辑"。这种"科学发现的逻辑"体现在社会科学研究中，即为美国学者华莱士总结的研究过程模型，亦被称为"华莱士模型"。

"华莱士模型"包括四大要素，即观察（Observation）、理论（Theory）、假设（Hypothesis）和经验概括（Empirical Generalization）。① "华莱士模型"就是由这四个要素不断相互作用形成的没有终点的"科学环"。图 2 - 2 扼要地描述了"科学环"中两个理想的研究过程以及一个非理想的研究过程（虚线箭头）。

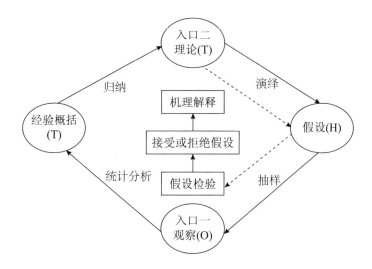

图 2 - 2　实证主义方法论的研究过程

一　实证主义的两个理想研究过程

实证主义方法论的一个理想研究过程，就是从观察到理论再到观察，观察既是这一理想过程的入口，同时也是归宿。具体来说，首先，观察并记录事实；其次，根据事实统计数据；再次，通过对数据的分析来描述和解释观察到的事实，归纳出事实之间的联系（因果关

---

① 李怀祖：《管理研究方法论》，西安交通大学出版社 2007 年版，第 70 页。

系）并上升为理论；复次，在形成的理论的基础上做出预测，即对未知事物的假设；最后，通过观察新的事实来检验这种预测。

实证主义方法论的另一个理想研究过程，是从理论到观察再到理论。具体来说，首先，根据既有理论，通过逻辑演绎的方式提出研究假设；其次，观察事实并形成经验概括；再次，用经验概括来检验假设；最后，依据检验的结果来支持、反对或修正既有理论，或提出新的理论。

在实证主义观照下的社会科学研究中，一项具体的研究往往只走完圆环的一半，即从观察入手的研究只走完左半圈——从观察到理论，而从理论入手的研究只走完右半圈——从理论到观察。因此，这两个理想的研究过程既是相互贯通的循环，也是相对独立的组成部分。于是，便涉及实证主义方法论观照下的社会科学研究的一个核心问题，即社会科学研究与理论的关系问题。

二 理想研究过程中的理论建构与理论检验

应该承认的是，理论在科学研究中扮演着重要的角色，科学研究的一个基本目的就是要对现象或事实做出一般性的解释。从广义上来说，这种一般性的解释就是"理论"。在社会科学研究中，理论是指"用来解释社会生活特定方面的系统化的关联性陈述"①，是一组具有逻辑关系的假设或命题。如果对理论进行层次上的划分，可以将理论分为宏观理论、中观理论和微观理论。其中，宏观理论"往往以全部社会现象或各种社会行为为对象，提供一种高度概括的解释框架"②，如行政学研究中的行政国家理论，社会学研究中的

---

① ［美］艾尔·巴比：《社会研究方法》，邱泽奇译，华夏出版社2005年版，第43页。
② 风笑天：《社会学研究方法》，中国人民大学出版社2005年版，第23页。

冲突理论等；微观理论是"一组陈述若干概念之间关系、并在逻辑上相互联系的命题，其中一些命题可以通过经验检验"①，如考察两个变量之间关系的命题（户口等级与经济收入）就是一个简单的微观理论；中观理论又可称为中层理论，它"既非日常研究中大量涌现的微观而且必要的操作性假设，也不是一个包罗一切、用以解释所有我们可观察到的社会行为、社会组织和社会变迁的一致性的自成体系的统一理论，而是介于这两者之间的理论"②，中观理论以某一方面的社会现象或社会行为为研究对象，力图提供一种具体的分析框架，如经济学中的制度变迁理论，行政学中的府际合作治理理论等。

这三个层次的理论，既需要构建，也需要检验。从这三个层次理论的特征来看，实证主义观照下的社会科学研究显然无力构建宏观理论，因为宏观理论往往并不直接与具体的经验性研究发生关系，它们更多的是通过研究者长期针对某类现象的观察、思考和批判构建起来的"宏大叙事"，这一特征也决定了宏观理论的难以检验性。于是，在秉持实证主义方法论的社会科学研究中，中观理论和微观理论的构建和检验，就成为极其重要的目标。

让我们回到上面的两个理想研究过程，去看看它们是如何实现理论构建和理论检验的。在以观察为入口的第一个理想过程中，首先完成的是理论构建的任务。研究者基于观察的社会事实，通过归纳推理形成经验概括进而将之上升至理论。由于这一过程是研究者针对某一方面的社会现象归纳出的一般性规律，因此它多为中观理

---

① 风笑天：《社会学研究方法》，中国人民大学出版社2005年版，第24页。
② ［美］罗伯特·莫顿：《论理论社会学》，何凡兴等译，华夏出版社1990年版，第54页。

论。然后，依据构建的中观理论形成对未知事物的假设，进而通过新的观察来检验这种假设。在这一过程中，研究者通过演绎的方式，将构建的中观理论操作化为可以变量之间的关系，即微观理论，进而对其进行检验。因此，在第一个理想研究过程中，构建的是中观理论，检验的是微观理论。

在以理论为入口的第二个理想研究过程中，首先完成的是理论检验的任务。研究者往往从既有理论出发，通过演绎推理得出假设，然后通过经验观察来检验最初的理论。这里，作为出发点的既有理论多为中观理论，因为它可以为研究提供一种具体的分析框架；其次根据对假设的接受或拒绝，决定对既有理论的修正或完善。一旦经验观察的结论拒绝了最初的研究假设，那么，研究者就需要依据研究结论来构建新的理论。构建的新理论往往是微观理论，因为对假设的检验实际上就是对变量之间关系的考察。因此，在这一理想研究过程中，构建的是微观理论，而检验的则是中观理论。

至此，我们可以对实证主义观照下社会科学研究的理想过程做出小结，社会科学研究的理想过程是理论与研究的永恒循环。首先，实证主义方法论观照下的社会科学研究无法构建和检验宏观理论，只能构建和检验中观理论和微观理论；其次，既有理论鼓励研究者从事证实、修正或证伪它的实证研究，而一旦实证研究的结果修正甚至证伪了既有理论，那么新的理论就会诞生，进而该理论又会被后续的研究者证实、修正或证伪。社会科学研究中正是在这样一种循环往复、永无止境的过程中实现知识增长的。

三　非理想研究过程

如果所有研究都能够依据两种理想研究过程的逻辑来进行，固然可以促进社会科学研究知识的增长。然而，许多以实证主义方法论为支撑的研究往往并不严格地依循这两种研究过程。当前的实证研究，大多依循的是图 2 - 2 中虚线箭头所描述的研究过程。这种研究过程的具体路径如下。

首先，从既有理论入手，提出研究问题；其次，通过逻辑演绎，依据既有理论提出研究假设（微观理论）；再次，根据对数据的统计分析来检验研究假设；最后，根据数据分析结果，决定接受或拒绝假设。这是当前国内大多数的定量研究普遍采用的研究过程。

之所以将这种研究过程称为非理想研究过程，并不是说这种研究过程违反了实证主义方法论的基本原则，也不是说它们就是极其不合理的。实际上，这种研究过程类似于前文指出的"只走完圆环的右半圈"。但是，它们的确存在一些问题，其中最主要的问题有三个。

一是研究问题的来源。在这种"右半圈"的研究过程中，研究问题来自对既有理论的反思，而这种反思取决于研究者个人的思考而不是对现实的观察。一些研究者在提出研究问题时，往往冠以"某某理论已不适应现实"的标题，这既不是对现实的观察和经验概括，更重要的是，它有可能导致用既有理论尤其是"进口理论"来切割现实。

二是数据的来源。由于研究问题来自对既有理论的反思而非来自对现实的观察和调查，这类研究使用的数据来源也很少有一手数据。它们的数据来源主要有两处：一处是相关政府部门公布的数据，即官方数据；另一处则是其他研究者使用过的数据，即二手数据。这两个数据来源有一个共同的弊端，那就是数据在时间上的滞后性。用陈旧的数据来研究当前的社会现象，对经验研究的可信度有很大程度的削弱。

三是检验但不建构理论。数据分析不能作为一项定量研究的最终结果，假设检验同样不能作为最终结果。如果说一项定量研究验证了既有理论，实际上这项研究的意义并不大。另外，如果一项定量研究只是部分地验证了既有理论，那么，它需要建构新的理论对没有验证的那部分理论做出修正。然而，很多这种非理想过程的定量研究往往在检验了假设之后就戛然而止。即便拒绝了假设，也很少构建出新的微观理论。

这种非理想研究过程可以用"偷工减料"来描述。它的滥觞在一定程度上表明，一些研究者并没有真正地理解实证主义方法论的学术观念，也未能明确地洞悉在实证主义方法论观照下的社会科学研究与理论的关系。对包括行政学在内的社会科学研究来说，这种非理想的研究过程是需要尽力避免的。只有建立在切切实实的观察和调查基础之上的实证研究，才是指向真实实践的实证研究。

第三章　行政学实证主义方法论典范

实证哲学标榜"科学的哲学"，以其为渊源的实证主义方法论更是凭借区别于传统形而上学的"科学化"的学术观念独树一帜。这对于寻求独立于哲学的社会科学而言，无异于注入了一针"强心剂"。随着实证主义方法论的勃兴及其理论体系的日趋成熟，社会科学诸成员纷纷以之作为实现知识专业化和学科建制化的支撑。以政府管理实践为研究对象的行政学，自然也毫无悬念地加入了这一行列。可以说，行政学从诞生之日起就深深地刻上了实证主义的烙印。在其130余年的发展历程中，纵然笼罩着"身份危机"的阴影，但行政学从未停止追求"科学化"的脚步。直到今天，行政学研究中的实证主义痕迹依然非常明显，以其为支撑的行政科学也依旧强盛。

第一节 前行政学时期实证主义的烙印

一 实用科学：行政学的学科性质

行政学作为一门独立学科的妙想可以追溯到 19 世纪 80 年代。它的始作俑者，是一位在学界和政界均有着传奇色彩的人物，他就是被后世学者尊称为"行政学之父"的伍德罗·威尔逊（Woodrow Wilson）。威尔逊在 1887 年发表的《行政学研究》一文，被公认为行政学的奠基之作。在这篇经典之作中，威尔逊对行政学的学科性质做出了明确界定。威尔逊认为，行政学是一门科学（The Science of Administration），而且是一门实用科学。威尔逊在《行政学研究》的开篇便明确指出：

> 任何一门实用科学，在没有必要了解它时，不会有人去研究它。因此，如果我们需要以某种事实来论证这种情况的话，著名的行政学实用科学正在进入我国高等学校课程的事实本身，则证明我们国家需要更多地了解行政学。然而，在此无须说明，我们并非要调查高校教学计划来证明这一事实。目前人们称为文官制度改革的运动在实现了它的第一个目标之后，不仅在人事方面，而且在政府机构的组织和方法方面都必须为继续扩大改革努力，这是我们大家几乎都承认的事实，因为政府机构的组织和方法同其人事问题一样需要进行改进，这一点

已经十分明显。①

威尔逊开宗明义的论述传达了两个信息：首先，非常有必要建立一门独立的行政学；其次，建立的行政学应是一门实用科学，它可以用来解决当前文官制度改革以及政府机构本身存在的问题。用威尔逊自己的话说，之所以要建立一门行政科学，是因为它可以"使政府不走弯路，使政府专心处理公务减少闲杂事务，加强和纯洁政府的组织机构，为政府的尽职尽责带来美誉"②。纵观《行政学研究》全文可以发现，行政学之父对"Science of Administration"的偏爱是极为明显的。与其说威尔逊提倡建立的是行政学，还不如说威尔逊提倡建立的是行政科学。

二　政府的政策执行：行政学的研究对象

行政学的研究对象是什么？这个问题直到今天依然众说纷纭。如果从威尔逊关于建立行政科学的原因来看，行政科学的研究对象毫无疑问就是"政府"。实际上，威尔逊所说的政府，是狭义上的政府，也就是行政机关。威尔逊认为，行政机关是政府最明显的部分，是行动中的政府，是政府的操作者和执行者。然而，令威尔逊感到不满的是，行政机关的重要性并未得到重视，威尔逊对此提出了批评。

直到今天，我们所拜读的所有的政治学论著者都仅仅围绕下列问题进行思考、争辩和论证：政府"构成方式"；国家性质、主权的本质和地位、人民的权力和君主的特权；属于政府核心内

---

① Woodrow Wilson. "The Study of Administration". *Political Science Quarterly*, Vol. 2, No. 2, 1887, pp. 197 – 222.

② Ibid. .

容的最深的含义及根据人性和人的目的摆在政府目标之前的更高目标。下列范围广泛的理论领域是存在激烈论战的中心地区：君主制对民主制进行攻击、寡头政治力图建立特权的堡垒、专制制度寻求使其所有竞争者投降的要求得以实现的机会。在这些理论原则的激烈斗争中，行政机关不能中断其自身的思考。经常出现的问题是：由谁制定法律以及制定什么法律？另一个问题是如何有启发性地、公平地、迅速而又没有摩擦地实施法律。这一问题被看作"实际工作中的细节问题"，在专家学者们就理论原则取得一致意见后由办事人员进行处理。①

在威尔逊看来，行政机关经常被认为是"细枝末节"和"技术人员的事情"而遭到当时政治学研究者们的忽略和遗忘。在威尔逊所处的时代，政治学研究仍然醉心于宏大理论原则的构建。实际上，当民主制战胜君主制并成为近代以来的政治共识之后，"谁掌握权力"的理论已经日趋成熟，"谁掌控政府"的问题已经得到解决。接下来面临的研究议题，就是"如何管理政府"以及"政府机构如何运作"的问题，而这正是行政学研究的核心议题。

另一个重要的背景是，在威尔逊所处的"进步时代"（Progressive Era）。尽管工业化和城市化导致美国的经济社会结构出现了重大的变化，但美国国家治理结构的核心却仍然是建国时期确立的有限政府和后来发展起来的政党政治。这样的国家治理结构"不仅无法有效地解决社会、经济变迁形成的各种问题，而且变成了问题的一部分"②。环

---

① Woodrow Wilson. "The Study of Administration". *Political Science Quarterly*, Vol. 2, No. 2, 1887, pp. 197 – 222.

② 马骏：《经济、社会变迁与国家治理转型：美国进步时代改革》，《公共管理研究》2008 年第 6 期，第 8 页。

境的变化要求政府必须对此做出回应，而政府要做出回应，首先就要改变有限政府的模式，去管理之前未曾管理的事情，这必然导致政府的扩张。用威尔逊自己的话说，那就是"政府的职能日益变得更加复杂和更加困难，在数量上也同样大大增加。行政管理部门将手伸向每一处地方以执行新的任务"①。但是，在威尔逊看来，当时的美国政府却并不具备应对变化的能力，因为政府"如同一个身强力壮的小伙子一样，其机能已经得到发展，身材已经长大，但在动作方面却变得笨拙了。其精力和年龄的增长，都已和其所具有的生活技能不相适应。它得到了力量，但却不具备相应的行为"②。

基于此，威尔逊认为，必须建立一门以行政机关的政策执行活动（从广义上讲，法律也是一种政策）为研究对象的行政科学。自此之后，行政学便开始了学科建制化的进程，马基雅维利时代以来"一度被政治的'宏大主题'遮蔽的'行政主题'跃然成为理论与实践共同关注的时代课题"③。

三　构建"强而有力"的政府：行政学的研究目标

既然行政学是一门以政府（行政机关）的政策执行为研究对象的实用科学，那么，行政学可以为改善政府的政策执行提供哪些帮助呢？或者说，行政学的"实用"体现在何处呢？这就涉及行政学的研究目标，威尔逊对此做出了非常明确的阐述。他指出，行政学研究的目标在于："首先，政府能够适当地和成功地进行什么工作；其次，

---

① Woodrow Wilson. "The Study of Administration". *Political Science Quarterly*, Vol. 2, No. 2, 1887, pp. 197 – 222.

② Ibid..

③ 张康之、刘柏志：《公共行政的继往开来之路——纪念伍德罗·威尔逊〈行政学研究〉120 周年》，《湘潭大学学报》（哲学社会科学版）2007 年第 1 期，第 15 页。

政府怎样才能以尽可能高的效率及在费用或能源方面用尽可能少的成本完成这些适当的工作。"① 行政学的两个研究目标，简言之，第一个研究目标就是"政府能做什么事情"；第二个研究目标就是"政府怎么样把它能做的事情做好"。在今天的行政学学术话语体系中，两者均指向政府的职能。前者涉及政府的职能范围，即政府管什么、发挥什么作用；后者涉及政府职能的作用方式，它在前者的基础上进一步追问：政府怎么管、如何更好地发挥作用。

行政学的两个研究目标之间是递进的关系，用威尔逊的话说就是"当你了解国家每天应该做的新事情之后，紧接着就需要了解国家应该如何去做这些事情"②。一旦政府的职能范围确定了，并且运用了适当的治理模式，那么，一个强而有力的行政机关便会诞生，而一个强而有力的行政机关是决定行政管理是否完善的首要因素。在美国的开国元勋汉密尔顿（Alexander Hamilton）看来，软弱无力的行政机关必然导致软弱无力的行政管理，管理无力无非是管理不善的另一种说法而已，而管理不善的政府必然是个坏政府。③ 同为行政学"管理主义"流派的成员，威尔逊继承了汉密尔顿的行政集权思想，主张建立一个"坚强有力、行动迅速有效、便于运用的政府系统"④。威尔逊提出的行政学的两个研究目标，正是为实现其构建"强而有力的政府"这一实践目标服务的。

① Woodrow Wilson. "The Study of Administration". *Political Science Quarterly*, Vol. 2, No. 2, 1887, pp. 197 – 222.

② Ibid. .

③ ［美］尼古拉斯·亨利：《公共行政与公共事务》，张昕等译，中国人民大学出版社2002年版，第9页。

④ ［美］伍德罗·威尔逊：《国会政体：美国政治研究》，熊希龄、吕德本译，商务印书馆1986年版，第175页。

四　祛政治：行政学的研究立场

在明确了行政学的学科性质、研究对象和研究目标之后，在行政学学科建制化的进程中还有一个非常重要的问题需要解决，那就是如何处理与其母学科——政治学的关系。如果说近代社会科学建制化的口号是"独立于哲学"，那么，行政学建制化的口号就是"独立于政治学"。

在威尔逊提出构建一门独立的行政科学之前，几乎所有与行政机关相关的研究都是包容在政治学之中的，并且是政治学研究中最不起眼的"隐学"。威尔逊孜孜以求的学术目标，就是将这一"隐学"从政治学中"摘"出来，使其获得独立的学科地位而成为一门"显学"，有学者也因此将威尔逊称为行政学的"助产士"①。尽管这一"助产"的过程十分艰难，但威尔逊做到了，并且做得很好。威尔逊赖以实现为行政学"助产"的有力武器，便是后来成为行政科学四大信仰之一的"政治—行政二分法"（以下简称"二分法"）。

如果追根溯源，"二分法"并非源自威尔逊。早在威尔逊之前，就已经有学者提出了政治与行政的区别。连威尔逊自己也承认，关于构建一门行政科学的想法并非源自美国，而是源自欧洲。最早使用"行政学"一词的是德国学者斯坦因（Friedrick Stein）。斯坦因在其七卷本巨著《行政学》中，基于有机体理论，将国家视为一定社会秩序条件下的人格主体。在斯坦因看来，国家具有心理学意义上的意志和活动的两相对立性，具体的表现就是宪政（政治）与行政的关系。斯坦因指出，宪政是国家有组织的意志，行政则是国家依据意志的活

---

① 张康之、刘柏志：《公共行政的继往开来之路——纪念伍德罗·威尔逊〈行政学研究〉120 周年》，《湘潭大学学报》（哲学社会科学版）2007 年第 1 期，第 14 页。

动。宪政规定行政活动的轮廓,但行政的内容却不是来自宪政。① 另一位德国学者布隆赤里(Johenn Bluntsohi)则把政治与行政的关系喻为大脑和四肢的关系。他指出,政治是大脑,是在重大并且带有普遍性事项上的国家活动;行政是四肢,是国家在个别的和细微事项方面的活动。因此,政治如果没有行政的帮助将一事无成,但行政并不因此就是政治。②

应该说,威尔逊的"二分法"在很大程度上受到了这两位德国学者的影响。他在斯坦因和布隆赤里的基础上,进一步指出了政治与行政的区别。威尔逊认为,行政不同于政治,它是置身于政治所特有的范围之外的。尽管行政的任务是由政治加以确定的,但行政管理的问题并不属于政治问题,而且政治也"无需自找麻烦地去直接指挥行政管理机构"③。在威尔逊看来,行政领域仅仅是一种事务性的领域,它虽然是政治生活的一部分,但却与政治领域中的污浊和混乱不堪相距甚远。因此,"祛政治"就成为行政学研究的基本立场。

相比于斯坦因和布隆赤里,威尔逊更为直接地指明了政治与行政的区别。既然政治与行政有如此重大的区别,而当时的政治学又不重视对行政问题的研究,同时,政府的职能范围和职能作用方式又迫切需要科学理论的指导。这些因素综合作用,必然提出行政学独立于政治学的要求。威尔逊以敏锐的眼光和深邃的洞察力把握住了理论与现实的双重需求,以"二分法"作为政治与行政的分野,成功地实现了为行政学"助产"的目的。这正是威尔逊身上体现出来的一种传奇色彩,也是他能够成为行政学之父,并成长为校长、州长和总统的重要原因。

---

① 丁煌:《西方行政学说史》,武汉大学出版社 2004 年版,第 14 页。
② Woodrow Wilson. "The Study of Administration". *Political Science Quarterly*, Vol. 2, No. 2, 1887, pp. 197 –222.
③ Ibid..

作为一门实用科学，行政学除了要在学术研究中做到"祛政治"之外，在政府管理的实践中，同样需要"祛政治"。对此做出重要贡献的，是行政学的另一位创始人，他就是弗兰克·古德诺（Frank Goodnow）。古德诺将威尔逊的"二分法"运用于美国政府行政管理的实践中，并对之做出了进一步的丰富和完善。古德诺认为，在所有的政府体制中都存在着两种主要的或基本的功能，一种是国家意志的表达，另一种是国家意志的执行。前者是政治，后者就是行政。行政不应受到政治因素的影响，而应获得独立的地位。同时，古德诺也认识到，尽管政治和行政这两种功能可以明确予以划分，但在政府管理的实践中，却很难将它们具体地分配到某一个机构中。对此，古德诺指出："分权原则的极端形式不能作为任何具体政治组织的基础。因为这一原则要求存在分立的政府机构，每个机构只限于行使一种被分开了的政府功能。"① 在古德诺看来，政治与行政二分体现在政府管理实践中，是相对的而不是绝对的，政府机构之间的分工不可能像政府功能的划分那样一清二楚。古德诺对威尔逊"二分法"的丰富和发展，就在于他提出了政治与行政的协调。尽管如此，这一观点的前提是可以将政府功能划分为政治与行政。也就是说，政治与行政是可以分开的。只不过，在具体的政府管理实践中，政府机构无法独立地行使这两项功能。

可以说，威尔逊的"二分法"被古德诺运用到了政府管理的实践中，并得以丰富和完善。如果说威尔逊的"二分法"侧重于行政学的学科独立，那么，古德诺的"二分法"则倾向于为美国政府管理发展所面临的问题提出方案。在古德诺看来，从事行政活动的文官（公务

---

① ［美］弗兰克·古德诺：《政治与行政——一个对政府的研究》，王元译，复旦大学出版社 2011 年版，第 14 页。

员）应当是政治中立的，他们在执行国家意志的过程中不应被政治所干扰，而应独立地做出判断。这些文官不应参与政治选举，不应与政党共进退，也不应以政党的意志影响政策的执行。这就是在政府管理实践中的"袪政治"。这既是行政独立于政治的体现，也是行政科学"实用性"的彰显。

五　实证主义的烙印

尽管威尔逊以"二分法"为依据，提出了构建一门独立的行政学的诉求，而古德诺也将之运用于美国政府管理的实践以彰显行政科学的"实用性"，但他们只是为行政学的产生做了铺垫，并未完成学科建制化的任务。因此，我们可以将这一阶段称为"前行政学时期"（Pre-Administration Era）。可以说，实证主义对行政学的独立产生了巨大的影响。从上述的梳理中，我们可以很清晰地发现实证主义在前行政学时期的烙印与痕迹。

首先，从学科性质来看，行政学是一门实用科学。这一学科性质的界定本身就是实证主义追求"科学化"的体现。在独立于哲学的抗争中，社会科学便高举"科学化"的旗帜以表明自己拒斥形而上学的态度。行政学的先驱者们对学科性质的界定，从一开始就奠定了行政学的"科学"基调，打下了实证主义行政学的深刻烙印。

其次，从研究对象来看，行政学以政府的政策执行活动为研究对象。毫无疑问，政府的政策执行是一种客观存在，是一种社会现象，是实证主义者极力强调的实证主义社会科学的研究对象——经验事实，它可以由执行者的经验去感知、认识和证实。行政学研究正是基于对政府的政策执行这一社会现象的观察，探寻并归纳其中的一般规律（正统行政学时期尤为明显），进而为改善政府的政策执行活动提供方案与对策。

再次，从研究目标来看，行政学以界定政府的职能范围和改善职能作用方式为依托，力图构建一个"强而有力"的政府。实际上，政府"能做什么事情"是对政府行为的解释，它是对政府可以承担哪些职能以及这些职能之间是何种关系的说明；政府"怎样把事情做好"是对政府行为的预测，它是对政府可以运用哪些方式去更好地实现其职能的判断，是对政府行为未来趋势的推测。实证主义所强调的社会科学的研究目的有两个：一是解释；二是预测。解释是对社会事物之间关系的说明，而预测是建立在解释基础之上的、对事物未来发展趋势的推断。显然，行政学的研究目标与实证主义所强调的社会科学的研究目的不谋而合。

最后，从研究立场来看，行政学主张"祛政治"。行政学为什么要"祛政治"呢？因为行政是一种事务性的领域，而政治则是充满了价值判断的领域。威尔逊的"祛政治"，是为了给行政学界定一个明确的学科范围，是为了让行政学从政治学中独立出来。行政学研究的主题是政府的政策执行，是一种具体的、事务性的议题，而政治学所致力于研究的宏大原则，不属于行政学的研究范围；古德诺的"祛政治"，是为了在政府管理的实践中避免受到来自政治领域的污浊和混乱的影响，强调文官应做到价值中立，不要被政治因素所干扰。换言之，行政学只研究政府的政策执行过程"是什么样的"，并对它"为什么"是这样的做出解释，至于它"应该是什么样的"则无须研究。在政府管理实践中，文官只负责有效地执行政策，至于"为什么制定这样的政策"和"这样的政策是否符合我所在的政党利益"这样的问题，则不须过问。显然，行政学"祛政治"的研究立场，与实证主义所强调的"价值无涉"如出一辙。

第二节　正统行政学时期实证主义的辉煌

虽然威尔逊等先驱者提出了建立一门独立的行政学的构想，但他们只是从宏观上设计了行政学学科建制化的诸要素。随着时代环境的变化发展，"行动中的政府"对科学理论的需求越发强烈。越来越多的学者与实践者加入了行政学研究的行列，促使行政学从社会科学领域中的"隐学"跃升为"显学"，并最终于20世纪20年代中期初步完成了学科的建制化。其后20余年的时间里，行政学的学科体系日益成熟，研究队伍不断壮大，学术信仰逐渐成形，形成了行政学研究的学术共同体，这一阶段可以称为"正统行政学时期"（Legitimate Administration Era）或"传统行政学时期"（Traditional Administration Era）。实证主义在正统行政学时期达到了辉煌，它的学术观念在行政学研究中得到了淋漓尽致的体现。

一　科学管理：行政学科学化的路径

为了实现行政学的奠基者们设定的"实用科学"的目标，正统行政学时期的研究者们付出了艰苦卓绝的努力，其中的杰出代表，就是弗雷德里克·泰勒（Frederick Taylor）。泰勒提出的科学管理，为行政学科学化提供了具体路径。尽管科学管理主要是为了提高企业的劳动生产率而设计出来的，但是它的两个核心概念，即标准化和实验，却为行政学科学化提供了具体而精致的实现路径。

科学管理的一个核心概念就是"标准化"，它包括操作方法的标准化、工具和材料的标准化以及作业环境的标准化。[①] 泰勒认为，企业员工传统的操作方法和使用的工具都是根据自己的经验判断来确定的，这缺乏科学的依据。必须对工人的操作方法、使用的生产工具、劳动和休息时间的搭配以及作业环境的布置等生产过程的诸要素，进行全方位分析与测算，消除各种不合理因素，把各种最好的因素结合起来，进而设计出一套科学有效的标准化流程来代替工人的经验知识。如何将最好的因素结合起来呢？泰勒主张将20多种不同工人的经验知识加以分类，制成表格，然后通过精确地数学计算归纳为法则。那么，这些依据科学测算制定出来的标准化法则，是否可以立刻将之运用于企业的生产过程中去呢？泰勒主张先进行小范围的实验，如果在实验过程中发现这些标准化法则确实可以提高生产率，就可以将它们直接投入实际的生产中。如果实验的结果表明，标准化法则并未明显地提高劳动生产率，说明这些法则还有可能不够完善，那就需要结合实验的结果予以调整和修正。于是，就涉及科学管理的另一个核心概念，那就是"实验"。

泰勒是一个理论家，但更多的却是一个技术专家。作为科学管理之父，泰勒经常用实验来检验其所构建的科学管理理论。其中，最著名的一个实验，就是"铲子实验"。"铲子实验"的基本逻辑是，首先通过对工人操作过程的观察，将工人完成每一个动作、每一道工序的时间乃至每一铲子可以承担的原材料的重量等这些生产过程的细节全都记录下来，然后在不损害工人的健康与愉快的工作心情的前提下，尽可能缩短其完成动作和工序的时间，同时改良铲子的尺寸，确保每一铲子铲起的原材料的重量是工人可以承担的最佳重量。经过多次重复试验之后，制定出一个工人"合理的日工作量"，这就是泰勒

---

① ［美］弗雷德里克·泰勒：《科学管理原理》，马风才译，机械工业出版社2013年版，第45—48页。

提出的"工作定额原理"。

以标准化和实验为核心的科学管理，经泰勒提倡之后，在企业的生产实践中取得了成功，大幅度地提高了企业的劳动生产率。同时，科学管理逐渐受到了一些行政学家的重视，他们开始将一些科学管理法则运用到政府管理的实践中，如泰勒的亲密合作者莫里斯·库克（Morris Cooke）就曾把科学管理原理运用到市政管理工作中，成功地降低了费城公共工程局的行政成本，提高了行政效率。

泰勒之后的著名行政学家卢瑟·古利克（Luther Gulick）是科学管理的忠实拥趸，也是行政学科学化的提倡者。古利克认为，科学方法是"以能力取代无知、以专业人员取代非专业人员、以专家取代杂而不精者、以日益加剧的分化和专门化取代华而不实、以素有训练的行政人员取代训练无素的新手"的一种途径。[①] 古利克非常渴望将科学方法运用于行政学研究，并认为这是行政学科学化的重要标志。科学管理对行政学科学化的重要影响，由此可见一斑。

二　行政原则：行政学对规律的探求

既然是科学，就必须完成一项重要的任务，那就是探寻事物或现象之间的联系，从中归纳出一般性的规律。这项任务，早在作为行政学渊源的官房学派那里就曾被明确地提出。官房学派，也称为官房主义（Cameralism），它是近代欧洲公共管理的系统研究以及提出行政科学"原则"的首次尝试，它也因此被称为官房"科学"。[②] 现代公共管理的一个重要分支——政策科学，就是官房"科学"的重要组成部分。科学管理虽然加快了行政学科学化的步伐，但它更侧重于方法上

①　丁煌：《西方行政学说史》，武汉大学出版社2004年版，第109页。
②　［英］克里斯托弗·胡德：《国家的艺术：文化、修辞与公共管理》，彭勃、邵春霞译，上海人民出版社2004年版，第87页。

的测量和计算，未能对行政管理过程中的一般性规律做出归纳和凝练。行政学家威洛比（William Willoughby）就曾明确指出，在行政管理过程中，存在某些可以一般地加以应用的基本原理，这类似于那些使科学之为科学的原理。① 在正统行政学时期，一些行政学者便开始探求这些基本原理。其中，最具代表性的，莫过于法约尔的一般管理原理、古利克和厄威克的行政原则。

法约尔（Henri Fayol）是法国的一位管理学家。与泰勒一样，法约尔更多的也是一位技术专家。法约尔对行政学建制化的最大贡献，就是他提出的一般管理原理。法约尔的一般管理原理是一个自成系统的理论体系，行政学从中获益最多的，莫过于管理的五要素和十四条原则。所谓"管理的五要素"，就是指管理活动是由计划、组织、指挥、协调和控制五个要素构成的。作为管理过程学派的代表人物，法约尔认为，管理"就是实行计划、组织、指挥、协调和控制"②。在管理五要素的基础上，法约尔指出，在管理实践中存在着一些一般性的原则，无论是企业管理还是其他类型的管理，这些原则皆可适用，这些原则包括劳动分工、权力和责任、统一领导、集中和等级系列等。这就是使法约尔享誉整个管理学界的"管理的十四条原则"。在法约尔看来，企业管理也好，政府管理也好，其实践过程都是一样的，都必须经历计划、组织、指挥、协调和控制这五个阶段，也都必须遵循这十四条原则。法国政府就曾将法约尔的一般管理理论运用于邮政部门的管理实践中，在取得成功之后，将其应用范围扩大到中央和地方政府其他部门的管理工作中，均取得不俗的效果。这也是法约

---

① Robert Dahl. "The Science of Public Administration: Three Problems". *Public Administration Review*, Vol. 7, No. 1, 1947, pp. 1–11.

② ［法］亨利·法约尔：《工业管理与一般管理》，周安华等译，中国社会科学出版社1998年版，第6页。

尔一般管理原理的"一般性"所在。既然政府与企业的管理过程没有本质区别，那么，在企业中行之有效的管理原理与方法，在政府中肯定会同样有效。法约尔的一般管理原理，也成为后来的行政学者探寻行政原则的开端。

古利克和厄威克（Lyndall Urwick）受到科学管理和一般管理理论的影响，认为行政管理中同样存在着一些一般性的原则。古利克认为，政府管理与企业管理尽管目标和侧重点有所不同，但它们都是同一门广泛科学的组成部分。作为行政科学的倡导者，古利克指出，行政科学应该建立在一些既可以应用于公共部门，同时也可以应用于私人部门的基本原则之上。古利克对法约尔的管理五要素进行了进一步的拓展。在他看来，所有的行政机关都具有七项职能，即计划、组织、人事、指挥、协调、报告和预算。古利克以这七项职能的英文首字母为依据，将其概括为 POSDCRB，这就是著名的行政管理"七职能说"。

作为古利克在学术研究中的亲密伙伴，厄威克认为，存在着一些支配人类有意识的联系的原理，正如存在着一些支配桥梁建设的工程学原理一样，也存在着某些支配人们出于任何目的的进行交往活动的原则。[1] 在借鉴了包括一般管理理论在内的古典管理理论的基础上，厄威克凝练出了八项行政原则，即目标原则、人员与组织结构相适应的原则、单头领导原则、专业参谋和一般参谋共存的原则、授权原则、责权相符原则、明确性原则以及控制幅度原则。[2] 厄威克提出的这八项行政原则，是对之前的行政学者提出的较为分散的原理原则或基本原理的系统化，也是行政学学科发展过程中第一次较为系统地提

---

① Luther Gulick，Lyndall Urwick ed. *Papers on the Science of Administration*. New York：Institute of Public Administration，1937，p. 39.

② 丁煌：《西方行政学说史》，武汉大学出版社 2004 年版，第 127—128 页。

出的一般性行政原则。

　　纵观上述管理原理或行政原则，实际上反映了早期行政学者的一个诉求，那就是行政学研究要探寻一般规律。因为既然将行政学定位为实用科学，那么行政学必须探寻行政现象之间的联系，然后归纳出其中的规律。同时，对企业管理中存在的规律的成功探寻，也在一定程度上激励了行政学者对政府管理中存在规律的寻求。对这些规律的探寻及其理论化的结果，便是上述系统化了的行政原则。

三　官僚制：行政机关的"理想类型"

　　完成了行政原则的探寻和凝练之后，还有一个问题需要解决，那就是：这些行政原则在什么样的行政机关中才能得到最有效地践行呢？官僚制无疑是最合适的机构。

　　官僚制（Bureaucracy），又称"科层制"，它是一种对政府机构（行政机关）组织形式的学术称谓，它的首倡者便是鼎鼎大名的、百科全书式的学者马克斯·韦伯。韦伯认为，从纯粹技术性的角度来看，官僚制是最有效的政府机构组织形态。之所以说它是最有效的，一个重要的原因就是官僚制的权威来源是组织内部各种为组织成员认可的制度和规则，而不是组织领导者的个人魅力和在组织中形成的传统与习惯，后两种类型的组织是不可能有效率的。在韦伯那里，官僚制是一种高度理性化的组织机构的"理想类型"（Ideal Type），韦伯也因此将官僚制称为"理想的官僚制"。作为一种理想的行政组织形态，官僚制最有效率的另一个原因是，它具有合理的分工、层级节制的权力体系、依照规则办事的运作机制、形式正规的决策文书、组织管理的非人格化、适应工作需要的专业培训机制以及合理合法的人事行政制度等特征。① 韦伯认为，如果行政机关的组织形式满足了上述特征，那么，这个行政机关必然会富有效率地运转。

应该看到的是，韦伯的官僚制是对普鲁士政府机构及其官僚行为高度抽象的结果，是韦伯理想中的一种近乎完美的、无懈可击的政府机构组织形态。这种组织就像是一台经过精密设计的、严丝合缝的、滴水不漏的"永动机"，每个组织成员都是这台机器的零部件。只要给它设计好了运作程序，它就会不知疲倦并且极具效率地运转下去。官僚制的这种独特的运作逻辑，完全可以将古利克等人设计出来的行政原则不折不扣地予以贯彻，它甚至就是为这些行政原则量身打造的践行载体。

然而，这种组织形态无论是在政府机关中，还是在企业机构中，都是不可能出现的。一个重要的原因，就是它过于强调对规则的遵守而忽略了组织成员的人性诉求。正如罗伯特·默顿（Robert Merton）指出的："官僚制组织接近于完全消除人格化的关系和非理性的考虑。"② 韦伯非常清楚地看到了这一点，所以他才将官僚制作为政府组织形态的"理想类型"。换言之，官僚制就如同一个极限一样，所有行政机关的组织形式都只能无限地接近于它，而不能完全地实现它。

韦伯的官僚制对于早期的行政学研究者而言，无异于注入了一针"兴奋剂"。政治与行政二分，吹响了行政学独立于政治学的号角；科学管理方法与一般行政原则的构建，加速了行政学科学化的进程；官僚制的提出，形塑了理想的政府机构组织形式，为高效地践行行政原

---

① 丁煌：《西方行政学说史》，武汉大学出版社 2004 年版，第 75—77 页。

② ［美］罗伯特·默顿：《官僚制结构和人格》，转引自彭和平、竹立家编译《国外公共行政理论精选》，中共中央党校出版社 1997 年版，第 96 页。

则提供了一个近乎完美的载体。至此，正统行政学的四大信仰逐渐浮出水面，它们分别是：

（1）行政学的立身之本：政治—行政二分法；

（2）行政学科学化的标志：一般行政原则；

（3）行政学的研究对象：官僚机构的政策执行；

（4）行政学的研究目的：提高官僚机构政策执行的效率。

1926 年，美国学者伦纳德·怀特（Leonard White）出版了行政学的第一本教科书《公共行政研究导论》，首次将行政学研究系统化、理论化，构建了较为完整的行政学学科体系。行政学学科建制化工作到怀特为止已经基本完成，而正统行政学时期则是这一过程中最为重要的环节。

四　实证主义的辉煌

正统行政学时期完成了行政学建制化的过程，实证主义在其中发挥了极为重要的作用。可以说，正统行政学时期是实证主义在行政学发展过程中最为辉煌的阶段。实证主义对行政学建制化的影响，主要体现在以下几个方面。

首先，从行政学科学化的路径来看，科学管理所提倡的"标准化"和"实验"，与实证主义社会科学倡导的观察方法与实验方法不谋而合。实证主义认为，自然科学研究可以使用实验方法，社会科学研究同样可以。在泰勒的科学管理理论的产生过程中，就是首先通过对作为实验对象的企业工人劳动程序和动作的观察，归纳出标准化法则，然后再将其置于具体的生产过程中予以检验。这种实验可以不断重复，直至制定出满意的"工作定额"和培养出"一流的工人"为止。如果说自然科学研究中的实验场所是实验室的话，那么，泰勒科学管理的实验场所就是工厂。在泰勒之后，包括库克在内的一些行政学家将科学管理原理和方法运用于政府管理实践，此时的实验场所就由工厂变成了政府机关。可见，行政学科学化的路径，正是实证主义所强调的观察与实验，它也成为当代行政学（公共管理）研究中实验方法的渊源。在当代行政学（公共管理）的研究中，研究者使用量化方法和统计软件进行测算和分析，这也是一种实验，只不过实验工具和实验手段相比于科学管理时期更为成熟，也更为多样化而已。

其次，从行政学对规律的探求来看，正统行政学时期对行政原则的构建，体现的正是实证主义探寻现象之间因果关系的学术观念。究其本质而言，所谓的一般性的行政原则，就是对行政现象之间的联系特别是因果关系的理论凝练。前文已经指出，行政学的研究对象是行政机关的政策执行活动，那么，如何才能让行政机关的政策执行更有效率呢？解决这一问题的前提，就是要探寻影响行政机关政策执行的因素，包括哪些因素可以促进政策执行，哪些因素会阻碍政策执行。古利克和厄威克等人构建的行政原则，便是基于对行政机关政策执行过程中因果律的把握而提出来的。这些行政原则，有的涉及组织设置，有的涉及人员配备，还有的涉及权利和责任的关系。诸如此类，均是影响政策执行的各种因素。因此，我们可以将行政原则的构建过程，视为对政府政策执行活动中的因果关系的一种解释以及在解释基础之上的预测。先解释这些因素如何影响政府的政策执行，然后构建出相应的行政原则对政策执行活动进行控制。从这个意义上讲，正统行政学在行政原则的构建之中深深地融入了实证主义方法论中的因果关系观念。

最后，官僚制作为行政机关的"理想类型"，彰显的是实证主义价值无涉的学术观念。如果说行政学的研究立场是"祛政治"，那么官僚机构则是政府管理实践中"祛政治"的最佳场所。作为一种研究立场，"祛政治"要求将"应该制定何种政策""政策执行应该是什么样的"这类议题排除在行政学的研究范围之外。在政府管理实践中，"祛政治"要求作为政策执行者的文官不应受到来自政治的干扰。整个文官队伍犹如一台机器，只负责有效地执行政策而无须过问和参与政治。显然，官僚制为建立这样的一支文官队伍提供了完美的组织形态。因为在官僚机构中，组织成员无须进行理性考虑，也不应有心理需求，只需依据既定的组织规则和规章制度，机械地执行政策即可。这样一来，文官自然就可以超脱于政治而价值中立了。可见，官僚制作为行政机关的理想组织形态，它可以在政府管理实践中很好地完成"祛政治"的目标。实证主义价值中立的学术观念不但成为行政学的研究立场，而且在行政学研究中被切切实实地"做"了出来。

　　总之，正统行政学时期实现了行政学建制化的目标，而实证主义的学术观念也在这一时期的行政学研究中彰显得淋漓尽致。可以说，在正统行政学时期的学科体系中，实证主义无处不在。无论是学科性质，还是研究对象和研究目标，或是研究方法乃至学科信仰，随处可见实证主义的身影。

第三节　行政科学时期逻辑实证主义的鼎盛

　　尽管实证主义在正统行政学时期已经足够辉煌，但它仍不满足，它还需要达到鼎盛才足以建构真正的行政科学。当逻辑实证主义兴起之后，行政科学的时代也就随之而来了。行政科学的领军人物，是1978 年的诺贝尔经济学奖获得者赫伯特·西蒙（Herbert Simon）。如果说行政科学是 20 世纪前半叶行政学的代名词的话，那么西蒙就是行政科学的代名词。虽然包括威尔逊和古利克在内的行政学的先驱者们同样对行政科学的建立做出了卓越的贡献，但几乎所有的行政学研究者在回顾行政科学的历史时，都会不约而同地将行政科学与西蒙的名字联系起来，即：行政科学 = 西蒙。

一　西蒙：行政科学的化身

与韦伯一样，西蒙也是一位百科全书式的学者，他的研究兴趣极为广泛。除了行政学之外，包括管理学、心理学、社会学以及计算机科学在内的诸多领域，都留下了西蒙探索的脚印。西蒙一生获奖无数，上述诸领域中的最高荣誉，西蒙几乎囊括殆尽。可以说，西蒙是一个百年乃至千年一出的天才。可能正是由于西蒙在其他领域所取得的巨大成就，人们往往容易淡忘他的行政学家身份。特别是当西蒙获得了诺贝尔经济学奖之后，他所涉猎的所有领域都不约而同地宣称，西蒙是"他们的领域"的学者。当西蒙在 2001 年与世长辞之后，上述诸领域都发表了一系列论文来缅怀西蒙的贡献，同时宣称"本领域"遭遇了一大损失。

然而，人们不应该忘记的是，西蒙在 1955 年获得了以他在行政学领域中的老对手——德怀特·沃尔多（Dwight Waldo）的名字命名的、美国公共行政学会的最高奖项：德怀特·沃尔多奖，这正是对西蒙在行政学研究领域做出的卓越贡献的肯定。纵然西蒙在其他领域也能够叱咤风云，但他从未离开过行政学。正如西蒙的亲密伙伴奥吉尔（Mie Augier）和马奇（James March）所言："尽管西蒙影响了许多学科，但他首先是一位公共行政学家"①。终其一生，西蒙的学术研究始于行政学，奠定他学术地位的经典之作《行政行为》一书，就是在其博士学位论文《行政科学的逻辑构造》的基础上创作完成的；同时，西蒙的学术研究又终于行政学。在西蒙去世的前一年，他前往华盛顿发表了题为《当今世界的组织与市场中的公共行政》的约翰·高斯演讲（John Gaus Lecture）。对此，奥吉尔和马奇深情地怀念道："可能是因为他现在像我们所有人一样，感觉到是回家的时候了。他是行政学之子，作为父母的行政学遭受到最大的痛苦，同时也享受了最高的荣耀"②。

　　西蒙之所以在行政学领域有着非凡的影响力，最重要的原因是他对正统行政学大刀阔斧地改造。可以说，西蒙是行政学领域的改革家，并且是一位激进的改革家。有学者评论说，西蒙的思想改写了公共行政研究的剧本。③ 西蒙对于行政学研究的改革，集中体现为：以逻辑实证主义为方法论基石，强调行政学研究中事实与价值的分离，并以此为出发点，提出具有操作性的语言和概念工具，建构一门真正的行政科学。西蒙一生孜孜以求的，就是用逻辑实证主义方法论中的"价值中立""经验主义"和"科学统一"这三个核心概念来革故鼎新，实现对行政学的救赎，即构建一门以逻辑实证主义为方法论基础的新的行政学，即行政科学。毫不夸张地说，西蒙开创了行政科学的新时代，他就是行政科学的象征和化身。

①　Mie Augier, James March. "Remembering Herbert A. Simon". *Public Administration Review*, Vol. 64, No. 1, 2001, pp. 396 – 402.

②　Ibid..

③　颜昌武：《作为行政科学的公共行政学——西蒙行政思想述评》，《公共管理研究》2009 年第 7 卷，第 139 页。

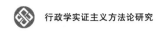

二 行政原则：自相矛盾的"行政谚语"

前已论及，行政学在 20 世纪二三十年代基本实现了学科的建制化，形成了较为完备的学科体系。它以正统行政学的身份来奠定学科地位，并宣称自己是一门实用科学。然而，在西蒙看来，正统行政学表面辉煌灿烂，实际危机四伏。它并非真正的科学，而是一门"坏科学"。要想拯救它，必须先给之以彻底地批判，然后予之以科学地重构。西蒙对正统行政学的批判主要体现在两个方面：一是对被正统行政学奉为圭臬的行政原则的批判；二是对正统行政学的立身之本——政治与行政二分法的批判。

探寻普遍而有效的行政原则，是正统行政学的一个基本信仰，也是正统行政学宣称自己是实用科学的重要砝码。古利克提出的 POSD-CRB 法则和厄威克提出的八项行政原则，被正统行政学奉为圭臬。实际上，对行政原则的探求，可以视为行政学建制化过程中的一种学术自觉，这种学术自觉"象征着公共行政学成为一种职业或一种学科的自觉的需要"[1]。在正统行政学的辉煌时期，这些行政原则为行政学在学术界和实务界赢得了广泛的尊重。

然而，在西蒙看来，这些所谓的普遍有效的行政原则，根本不是科学原则，它们充其量不过是一些类似于格言或谚语（Proverbs）之类的东西。西蒙指出，目前在行政学领域中流行的这些行政原则有一个共同的缺陷，那就是这些原则总是成对地出现。对其中的任何一条原则而言，我们总是可以找到一条看起来同样合理的原则。尽管它们之间相互矛盾，并且导致相反的意见，但我们却无法从理论上说明哪

---

[1] ［美］尼古拉斯·亨利：《公共行政与公共事务》，张昕等译，中国人民大学出版社 2002 年版，第 29 页。

条原则是正确的。例如，专业分工原则与统一指挥原则是互相矛盾的，而减小控制幅度原则显然与另一条被人们广为接受的组织层次宜少不宜多的原则是冲突的。①

那么，为什么正统行政学的这些所谓的行政原则不是真正的科学原则，而只能称为"行政谚语"呢？在西蒙看来，这与正统行政学的研究方法论有关。正统行政学是以实证主义为方法论基石的，但是西蒙却认为，它并没有真正地贯彻实证主义方法论中的"实证精神"。正统行政学在归纳这些原则的时候，主要依靠对常识的依赖而非系统地观察和实验。换言之，正统行政学并没有很好地践行科学管理中的观察和实验方法，而是仅凭经验常识去构建行政原则，然后就宣称这是科学原则。更为重要的是，这些原则缺乏足够的语言和概念工具，它们无法对哪怕是最简单的行政组织做出实际而深刻的描述。对此，西蒙批评说："在我读过的各种关于行政组织的研究著作中，能抓住并用文字记下组织真正本质的，实属寥寥无几；至于能让我相信，可以提出证据准确地推导出关于组织效益的结论或改良的建议的著作，就更少了"②。

从西蒙对正统行政学行政原则的批判中可以发现，西蒙之所以认为这些原则不是科学原则而是"行政谚语"的一个重要原因，就是它们既没有赖以作为基础的概念工具，也无法进行语言上的逻辑演绎。这里，我们就触及了西蒙"行政谚语"的真实指向。在西蒙看来，正统行政学的研究方法论是有问题的，它貌似实证主义，却没有真正领悟实证精神。要走出这个困境，就必须使用新的研究方法论，这就为

---

① Herbert Simon. "The Proverbs of Administration". *Public Administration Review*, Vol. 6, No. 1, 1946, pp. 53–67.

② Herbert Simon. *Administrative Behavior: A Study of Decision-Making Process in Administrative Organizations* (4ᵗʰ Edition). New York: The Free Press, 1997, p. 11.

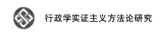

西蒙将逻辑实证主义方法论的精髓，即"对语言的逻辑分析"和"可证实性"引入行政学研究提供了铺垫。

三　政治－行政二分：模糊不清的"学科边界"

肇始于威尔逊的二分法，是正统行政学的立身之本。正是得益于二分法，行政学才有了自己的"一亩三分地"。通过政治与行政的分离，威尔逊将行政活动限定在对手段而不是对目标的选择上，从而为建立一门独立的行政学提供了一块价值中立的领地。然而，在西蒙看来，二分法是极为幼稚可笑的。一方面，二分法具有很大的模糊性。无论是政务官还是事务官，他们都同时在履行着政治和行政这两种职能，根本就无法将它们截然分开，特别是行政人员（事务官）将不可避免地被卷入政治之中；另一方面，随着行政机关的扩张和等级控制的增长等政府管理实践发生的新变化，政务官对行政官僚的外在的、严密的控制已经越发困难。西蒙的追随者弗莱（Brian Fry）曾就此评论道：

> 首先，立法机关由于政治原因通常希望避免制定明确的和具体的政策，而把这些政策制定工作交由行政机关去做；其次，行政人员可能根本不会像这里描绘的那样，是一个价值中立且顺从指令的人。他往往有自己一套明确的个人价值观，并希望他所在的行政组织按照他的意图行事。他还有可能抵制立法机关包办政策制定的做法，或是在政策执行过程中故意破坏立法机关的决定。[1]

---

① Brian Fry. *Mastering Public Administration：From Max Weber to Dwight Waldo.* New Jersey：Chatham House Publishers，1989，p. 186.

可见，西蒙从描述性和规范性两个层面，对二分法进行了毫不留情的批判。西蒙认为，将行政人员和政策功能加以区分是非常不明智的，人们必须去发现一些行政人员在政策过程中使用技术知识的方法。在西蒙看来，政治与行政相互关联，无法严格地进行区分，行政也必须做出决策。实际上，在古德诺对二分法的进一步阐释中，也曾指出，政府机关的分工不可能将政府的两种职能分工一样一清二楚。于是，他提出了实现这两种功能协调一致的路径。但是，古德诺关注更多的是政府管理实践，相比之下，西蒙更关注如何通过理论在实践中的投射来重构二分法。西蒙认为，二分法之所以模糊不清，是因为政治与行政都包含着事实因素与价值因素。只不过，在政治领域，价值因素占据主要地位；在行政领域，事实因素占据主要地位。因此，依据二分法无法为行政学确立一个价值中立的领地。要想让行政学真正成为一门价值中立的科学，就必须依据事实与价值的分离，来划定行政学的研究范围，而事实与价值的分离，正是逻辑实证主义的基本信仰。

从以上梳理中可以看出，西蒙对正统行政学的批判，与同时期的达尔和沃尔多"反科学"的立场有本质区别。达尔和沃尔多在批判正统行政学的时候都认为，不应将行政学视为一门科学，行政学也不可能成为一门科学。在西蒙那里，行政学是一门科学，这是毋庸置疑的。问题在于，正统行政学标榜自己是科学，但实际并非如此，至少正统行政学的研究方法论不是真正的科学方法论。那么，什么才是真正的科学方法论呢？西蒙所说的科学的方法论，就是逻辑实证主义方法论。在《行政行为》一书中，西蒙毫不避讳地指出："某个特殊的现代哲学学派——逻辑实证主义——所得出的结论将被看作是起点"[①]。因此，

---

① Herbert Simon. *Administrative Behavior*：*A Study of Decision - Making Process in Adminis-trative Organizations*（4th Edition）. New York：The Free Press, p. 55.

西蒙对正统行政学的批判，其真实目的在于"用逻辑实证主义对公共行政领域进行重新设计"①。西蒙希望以逻辑实证主义为武器，来实现对行政学的救赎。

四 语言和概念工具：对行政科学的再诠释

针对正统行政学中的"行政谚语"，西蒙在分析了它们自相矛盾的原因之后，基于逻辑实证主义，提出了一个在他看来更为可靠的解决方案。西蒙认为，由于缺乏足够的语言和概念工具，行政学家仅凭常识判断构建的行政原则无法为行政组织的结构与运作的有效性提供科学分析的基础。因此，需要构造出一套可以精确描绘行政组织面貌和运转状况的词汇、语言和概念，它们必须具有操作性。

显然，西蒙的这一想法源于逻辑实证主义的"经验证实"原则。虽然逻辑实证主义各流派和主要代表人物的观点不尽相同，但"经验证实"是获得公认的一条原则。在逻辑实证主义看来，科学研究应以经验事实，即那些可以被观察和检验的客观存在为基础。科学研究的过程就是从观察开始，然后经由实验来检验，从而发现预测事物未来趋势的普遍法则。西蒙继承了逻辑实证主义经验证实原则，但他却认为正统行政学"连说明在实验中发现了什么现象的本领都很缺乏，更不用说保证实验的可重复性了"②。因此，他认为，要构建一门真正的行政科学，首先需要建立一些关键性的概念，行政学理论的首要任务，就是"建立一系列能够从理论角度描述行政问题的概念"③。同

---

① ［美］尼古拉斯·亨利：《公共行政与公共事务》，张昕等译，中国人民大学出版社2002年版，第33页。

② Herbert Simon. *Administrative Behavior： A Study of Decision – Making Process in Administrative Organizations*（4th Edition）. New York：The Free Press，p. xi.

③ Ibid. ，p. 43.

时，为了能够科学地运用这些概念，它们必须具有可操作性，它们的含义必须符合实验观察的结果。由于这些概念不包括行政科学的实质理论，只是用来作为建立和研究行政科学的理论或原则的工具，因此，西蒙将它们称为"概念工具"。在西蒙看来，行政理论一旦建立在这些具有操作性并且能够通过实验观察来检验的概念工具之上的时候，它就会非常稳固。

那么，西蒙构造了什么样的概念工具呢？这就是行政学者非常熟悉的"决策"（Decision – Making）。西蒙对行政组织和行政行为的研究，均是以"决策"为基本概念进而提出一组概念工具，包括决策理论、决策准则、决策过程、决策类型和决策技术等。在西蒙看来，决策是行政的核心，是理解行政组织的关键，他甚至认为，管理就是决策。西蒙一生的研究，都是在追求"决策真理"，努力提高人类决策的智力。奥吉尔和马奇甚至认为，"决策"是西蒙重建行政理论的拱心石。①

那么，决策作为概念工具，它的操作性体现在何处？或者说，它如何被检验呢？在提出了以"决策"为核心的一系列概念工具之后，西蒙建立了一套分析术语和分析框架对实际的决策过程进行分析。其中，最为著名的就是有限理性和令人满意的方案。西蒙认为，整个决策过程实际上就是在不同备选方案之间做出权衡和选择，但权衡和选择的标准并非人们通常认为的完全理性，而是有限理性。最后选择的方案，自然也不是依据完全理性而获得的最优方案，而只能是令人满意的方案。后来，西蒙将他的决策理论与心理学和计算机科学结合起来，开创了人工智能研究的先河。这样一来，就可以完全按照自然科

---

① Mie Augier, James March. "Remembering Herbert A. Simon". *Public Administration Review*, Vol. 64, No. 1, 2001, pp. 396 – 402.

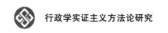

学的实验方式，通过精密的测量来检验决策理论。

五　事实与价值的分离：对行政学研究领域的再界定

　　既然政治与行政二分法无法为行政学划定一个真正的价值中立的领地，那么，应当通过何种途径取而代之呢？西蒙认为，逻辑实证主义所强调的事实与价值分离，既可以为行政学划定研究范围，也能够确保行政学研究中真正的价值中立。

　　事实与价值的分离，应该说是逻辑实证主义坚定不移的研究立场。按照休谟的观点，事实与价值是两个完全不同的范畴，从"是"无法推出"应该"。① 在逻辑实证主义那里，事实即实然，价值即应然，从实然无法推出应然。事实是可以证实的，而价值则是不能证实的。同时，事实是可以通过语言来进行逻辑演绎的，而价值则无法用语言来构造。因此，所谓的价值谓词和价值判断"不过是妄概念和妄判断而已"②。逻辑实证主义对事实与价值分离原则的坚持，使其完全放逐并彻底抛弃了价值。既然价值无法证实，那么科学研究就应是价值中立的。科学家必须注意，任何结论都应以事实为依据，为防止科学家的主观性潜入研究过程，科学家必须清除所有带有人的价值观的理论，科学家和受试者的价值观都不应进入研究和理论的建立之中。③

　　作为逻辑实证主义的信徒，西蒙力图用事实与价值分离的原则来为行政学划定研究范围。他认为，行政学要想成为一门真正的科学，它的研究范围就必须限定为可验证的事实命题，而不能涉及价值判

---

　　① ［英］大卫·休谟：《人性论(上册)》，关文运译，商务印书馆2009年版，第132页。

　　② ［英］阿尔弗雷德·艾耶尔：《语言、逻辑与真理》，尹大贻译，上海译文出版社2006年版，第126页。

　　③ ［美］罗伯特·登哈特：《公共组织理论》，项龙，刘俊生译，华夏出版社2002年版，第80页。

断。西蒙指出：

> 行政科学与其他任何科学一样，也只关心纯粹的事实性陈
> 述，道德陈述在科学体系中没有任何地位。凡是道德陈述出现的
> 时候，它们都可以被分解为两个部分：一部分是事实的，一部分
> 是伦理的，只有前者才与科学有某种关联。①

　　西蒙认为，政治与行政二分法并未妥当地区分事实与价值。一方
面，政府的最终目标通常用诸如"公正""一般福利"和"自由"等
非常一般化和模糊的词语来描述；另一方面，指定的目标可能只是实
现更远目标的中间目标。因此，必须依据事实与价值的分离对它们加
以区分，将事实表述为对环境及环境作用方式的某种描述，而将价值
表述为行政人员对某种事物喜好的表达，即对该事物的某种判断。②
在西蒙看来，行政学家与其他科学家一样，他们的研究任务就是检验
事实命题，即可以观察到的世界及其运行方式。麦克斯怀特
（O. Mcswite）对此评论说："成功地处理事实——价值问题，是西蒙
努力建立其研究的合理性的核心"③。

　　基于事实与价值的分离，西蒙指出，一个决策问题应该交给立法
机关还是行政机关来处理，取决于其中所包含的事实问题和价值（伦
理）问题的相对重要性以及关于事实问题的纷争程度。政治与行政二
分法之所以无法为行政学确立一个真正价值中立的研究领域，是因为

---

　　①　Herbert Simon. *Administrative Behavior*：*A Study of Decision – Making Process in Administrative Organizations*（4th Edition）. New York：The Free Press，p. 360.

　　②　Herbert Simon. *Administrative Behavior*：*A Study of Decision – Making Process in Administrative Organizations*（4th Edition）. New York：The Free Press，p. 4.

　　③　［美］麦克斯怀特：《公共行政的合法性：一种话语分析》，吴琼译，中国人民大学
出版社 2002 年版，第 155 页。

它将政治和行政截然分开，但实际上这是不可能的。在政治领域中包含着事实问题，而在行政领域中同样包含着价值（伦理）问题。行政科学既可以研究行政领域，也可以涉及政治领域，只要它研究的是这两个领域中的事实命题即可。这样一来，就可以为行政学划定一个非常明确的研究范围了，而一旦这个研究范围划定之后，价值中立也就自然实现了。

六　逻辑实证主义的鼎盛

从上述梳理中可以看出，西蒙将逻辑实证主义的学术观念深深地嵌入了行政学研究之中。西蒙所致力于构建的行政科学，在本质上就是逻辑实证主义行政学。应当承认的是，西蒙对行政学的改造是极其成功的。在西蒙之后，也涌现出了一批杰出的行政科学家。我们之所以只阐述西蒙的行政科学，是因为尽管西蒙的行政科学遭到了沃尔多的强烈批判，两人的争论长达半个世纪之久，但是，沃尔多的批判是建立在"反科学"的立场之上的。后来的行政科学家之中没有任何一人可以超越西蒙奠定的行政科学版图，也没有任何一人对行政科学的贡献可与西蒙比肩。从这个意义上讲，西蒙可谓"前无古人、后无来者"。西蒙之所以在行政科学界乃至整个行政学界都具有超凡的影响力，是因为他构建的行政科学是一个完整而严密的理论体系，这个体系的基石就是逻辑实证主义。

首先，西蒙的行政科学是在继承基础上的创新。西蒙的行政科学虽然抛弃了诸如政治与行政二分法和行政原则等阻碍正统行政学成为一门科学的因素，但同时却继承并发展了诸如经验事实和效率至上等推动正统行政学成为一门科学的因素。在这个意义上，西蒙的行政科学是对正统行政学的扬弃。在西蒙大刀阔斧的改造下，正统行政学逐渐演变为真正的行政科学。

其次，西蒙的行政科学将逻辑实证主义的学术观念发挥得无以复加。西蒙是逻辑实证主义的代表人物卡尔纳普的学生，他的学术思想源于逻辑实证主义。西蒙实现了逻辑实证主义与行政学研究的完美结合，他将逻辑实证主义的学术观念全面地渗透进行政科学体系之中。行政科学语言的建构、概念工具的设计、事实与价值的分离、观察和实验方法以及可验证的事实命题等，将作为一种方法论的逻辑实证主义彰显得淋漓尽致。

再次，西蒙的行政科学是一个严密的、近乎无懈可击的体系。在西蒙的行政科学体系中，事实与价值的分离造就了真正的行政科学；决策以及由决策衍生出来的一系列概念工具，实现了对行政科学研究在语言上的构造，这些语言的叠加和组合，使行政科学可以通过严密的逻辑演绎来完成对事实命题的描述；对于行政决策的研究，囊括了始于怀特的行政学研究内容的全部；对事实命题的聚焦扩大了行政科学的研究范围，行政学不仅可以研究行政领域事实命题，还可以研究政治领域的事实命题。同时，也将行政科学研究中的价值中立贯彻得更为彻底；观察和重复性实验的方法，让行政科学研究更为精致。

最后，西蒙的行政科学契合了现代社会对政府管理的需求。一方面，西蒙的行政科学符合强政府的时代潮流。威尔逊提出构建一门独立的行政科学，是因为他看到了政府管理实践无法适应进步时代的社会需求，迫切需要科学理论的指导。在后威尔逊时代，进步主义的余波尚未平息，而20世纪30年代中期的经济危机，将自由放任政策和"小政府"体制的弊端暴露无遗，政府干预成为时代呼声。政府要想有效地干预经济和社会变迁，需要有科学的理论来指导政府管理实践，而正统行政学对此却无能为力。西蒙作为后威尔逊时代行政学的中坚力量，他与威尔逊一样，敏锐地把握住了时代脉搏，力图构建一门真正的行政科学改善政府管理实践，回应时代需求。正如行政学家法默尔（David Farmer）所言，西蒙的行政思想是"坚固地建立在现代性的框架上的，他所关心的是促进现实的生产，以理性的方式将手段和目的结合在一起，以获得实际的结果"①。行政科学的实用性，正是源自于此。

逻辑实证主义在西蒙的行政科学中达到了鼎盛和极致。至此，实证主义作为一种方法论，实现了与行政学的完美结合，形成了实证主义行政学的典范，实证主义也成为行政学研究中的主流方法论。

---

① ［美］戴维·法默尔：《公共行政的语言：官僚制、现代性与后现代性》，吴琼译，中国人民大学出版社 2005 年版，第 273 页。

第四章　行政学研究中的实证
主义方法论式微

西蒙以逻辑实证主义为武器，将正统行政学改造成为一门精致的行政科学，同时也将实证主义塑造成为行政学研究中的主流方法论。然而，好景不长，仅过了大约 10 年的时间，行政学界便开始出现对行政科学的反抗。与此同时，在社会科学研究中逐渐兴起了两种非实证主义的方法论，即诠释主义方法论和批判主义方法论。它们的勃兴，在一定程度上冲击了实证主义方法论的主流地位，而这种冲击同样渗入了行政学研究之中。

第一节　西蒙主义 vs 沃尔多路径

对于行政科学的反抗，究其本质而言，是在"独立于哲学"运动的背景下掀起的一场哲学的"自我保护运动"。自此以后，行政学研究领域也开始逐渐显现出其他社会科学研究领域中的科学与哲学的分野，即行政科学与行政哲学。这场"自我保护运动"的肇始者，既是行政哲学的领军人物，也是西蒙一生的学术对手——德怀特·沃尔多（Dwight Waldo）。如果说西蒙是行政科学的化身，那么，沃尔多就是行政哲学的代言人，即行政哲学＝沃尔多。

一 异端的出现：沃尔多的"政治理论"

作为行政学研究领域中永恒的哲学家和历史学家，沃尔多对于行政学的智识发展产生了巨大的影响，他被视为是行政学领域中最具创造力和批判精神的学者，他"总是能够提出这个领域最难的和最好的问题"①。新公共行政学的领军人物、沃尔多忠实的追随者乔治·弗雷德里克森（George Frederickson）曾评价说："沃尔多是公共行政领域的一座桥梁，一头连着公共行政学的幼年，一头通向公共行政学的未来"②。沃尔多的另两位追随者布莱克·布朗（Brack Brown）和理查德·斯蒂尔曼（Richard Stillman）则认为："沃尔多关于公共行政的洞见、思想、概念和问题，构筑了"二战"后公共行政智识与专业的日历"③。我国有学者认为："沃尔多是美国公共行政学界的'康德'，是公共行政大道上不可绕行的人物"④。为了纪念沃尔多对美国公共行政学做出的巨大贡献，美国公共行政学会以沃尔多的名字命名了该学会的最高奖项：德怀特·沃尔多奖。

---

① Brian Fry. *Mastering Public Administration：From Max Weber to Dwight Waldo.* New Jersey：Chatham House Publishers，1989，p. 12.

② George Frederickson. "How I Became a Waldonian". *PA Times*，December，2000，pp. 11 – 13.

③ Brack Brown，Richard Stillman. "A Conversation with Dwight Waldo：An Agenda for Future Reflections". *Public Administration Review*，July/August，1985，pp. 459 – 467.

④ 颜昌武：《寻求公共行政的"身份"认同——沃尔多行政思想述评》，《中山大学学报》（社会科学版）2008 年第 3 期，第 162 页。

在美国乃至整个世界的行政学研究领域，沃尔多被公认为是唯一一位能够与西蒙齐名的学者。在 2005 年的美国政治学会会议上，与会者围绕"哪本书是 20 世纪美国公共行政学史中最重要的著作"展开了激烈地争论。以英国学者简·莱恩（Jan Lane）为代表的一方力荐西蒙的《行政行为》，而以美国学者斯蒂尔曼为代表的一派则推崇沃尔多的《行政国家》。沃尔多为什么能够在美国公共行政学界享有如此崇高的声望，以至其可与西蒙并驾齐驱呢？① 最重要的原因，就是当西蒙用精致的行政科学改造了正统行政学之后，沃尔多反其道而行之，开创了行政哲学研究的先河。

如果我们将西蒙时代的行政学视为一个学术共同体的话，沃尔多无疑是这个共同体中的"异端分子"。沃尔多一生拒斥行政科学，并从政治理论的角度进入行政学研究，力图在行政学研究中恢复哲学传统并重构行政哲学。沃尔多经典之作《行政国家》一书，便是其行政哲学思想的集大成之作。从这本书的名字《行政国家：美国公共行政的政治理论研究》中，我们也可以窥见沃尔多的行政学研究立场。沃尔多坚持认为，公共行政不可避免地是政治理论，公共行政学的发展永远是政治思想史的一个篇章。对此，罗森布鲁姆（David Rosenbloom）和麦克科迪（Howard McCurdy）评论道："这一看法基本上并有可能永远地改变了公共行政的研究视角。此后，学者们必须讨论公共行政理论、实践与改革的政治维度"②。卡罗尔（James Carroll）和弗雷德里克森则将沃尔多的这一研究立场称为

---

① 这是行政学界的主流观点，但我认为，无论是学术成就还是个人魅力，沃尔多均无法与西蒙相提并论。

② David Rosenbloom，Howard McCurdy. *Revisiting Waldo's Administrative State.* Washington：Georgetown University Press，2006，p. 2.

"沃尔多路径"（Waldonian Approach）。① "沃尔多路径"的核心理念就是：行政学在本质上是一种政治理论，它内在地蕴含着一种政治哲学，且与政治哲学的"大问题"——民主、幸福、美好生活等密切相关，行政学研究不可能将这些价值排除在外。在沃尔多看来，即便是在"无情的"或"科学的"学者那里，行政学研究也必然会充斥着民主使命。② 显然，这是一种完全有悖于行政科学价值无涉立场的研究路径。那么，沃尔多为什么认为行政学研究内在地包含着政治哲学的框架呢？他为什么倡导在行政学研究中恢复哲学传统呢？这需要从行政学的"身份危机"谈起。

二 行政学的"身份危机"：沃尔多行政哲学研究的切入点

与西蒙一样，沃尔多的行政哲学研究，同样建立在对正统行政学批判的基础之上。只不过，与西蒙对正统行政学的批判相比，沃尔多的批判更为激进，甚至近乎冷酷无情。他认为，正统行政学的前提和方法，导致了一种无法达成共识的"身份危机"（Crisis of Identity）。麦尔文·丢布里克（Melvine Dubnick）将这种身份危机描述为一种"尴尬的局面"，他指出：

> 并不是所有（甚至并不是大多数）的公共行政研究者都是公共行政社群的成员。虽然存在一些明显的交叉，但仍然有不少公共行政（广义的公共行政）研究者认为自己属于其他研究社群，

---

① James Carroll, George Frederickson. "Dwight Waldo: 1913—2000". *Public Administration Review*, Vol. 61, No. 1, 2001, pp. 2 - 8.

② Dwight Waldo. *The Administrative State: A Study of the Political Theory of American Public Administration*. New Jersey: Transaction Publishers, 2007, p. 66.

如政治科学家社群、研究官僚制的社会学家社群、公共政策分析
家社群、公共管理学者社群、都市研究专家社群……最重要的
是，他们不愿意在专业上认同自己是公共行政研究者，也不认为
在公共行政领域的任何一种主流期刊上发表论文是一个值得优先
考虑的事。坦率地讲，许多公共行政研究者都将公共行政视为低
层次领域。①

简言之，行政学的"身份危机"表现在两个方面：一方面，学界
认为公共行政学家过于学术化和理论化；另一方面，实务界又认为公
共行政学家是一个技术专家而不是一个科学家，主流社会科学经常用
极其冷漠的态度对待公共行政这一所谓的"专业"领域。行政学的
"身份危机"导致人们一再质疑，行政学到底是什么？它是政治学的
一部分，是工商管理的一部分，还是一个独立的学科？② 沃尔多毫不
掩饰地表露了对正统行政学的"恶意乃至蔑视的态度"，认为正统行
政学的文献是乏味的，甚至是"胡说八道"，它们与柏拉图、亚里士
多德和霍布斯等人的作品相比，完全不可同日而语。

正统行政学为什么会存在身份危机呢？在沃尔多看来，这是因为
正统行政学内在地包含着政治哲学的框架，充斥着对民主、幸福和美
好生活等概念的描绘。即便是行政学的先驱者们对于这些"罗曼蒂克
式的愿景"，也是极度憧憬的。沃尔多指出："如果我们指责威尔逊、
古德诺和克利夫兰等人对民主并不是真正感兴趣的，那是不公平的，

---

① Melvin Dubnick. "Dialogue：Knowledge and Research". *Administrative Theory & Praxis*, Vol. 22, No. 2, 2000, pp. 393 – 423.

② ［美］理查德·斯蒂尔曼：《公共行政学：概念与案例》，竺乾威等译，中国人民大学出版社 2004 年版，第 139 页。

因为他们热衷于探寻保存民主的方法。"① 但是，这些行政学家塑造出来的正统行政学，根本无力实现上述理想和愿景。沃尔多认为，按照正统行政学的逻辑，如果要完成民主的使命，政府就必须高效率地运作；而政府要高效率地运作，就必须遵循科学的原则；一旦遵循了科学原则，就必须排除象征着民主的政治机制和社会舆论对效率的干扰。如果说政治机制和社会舆论对效率是一种干扰的话，那么宪法所确立的分权原则就不仅仅是一种干扰，简直就是一种彻彻底底的颠覆了。在沃尔多看来，这是"在容纳管理概念的批判的阵痛中放置民主哲学，而在容纳管理事实的变化的阵痛中放置民主机制"②，其本身就是一种自相矛盾的甚至是滑稽可笑的设计，是对民主的"削足适履"。正是由于这种内在矛盾，导致正统行政学自创立之日起就不可避免地陷入"身份危机"之中。

可见，在批判正统行政学的过程中，沃尔多与西蒙一样，都认为正统行政学本身存在着难以调和的内在矛盾。对于这种矛盾，西蒙使用了"行政谚语"来形容，而沃尔多则将其放大为"身份危机"。可能正因如此，有学者认为，沃尔多对正统行政学的批判"比任何人都要深入，直入心脏"③。然而，尽管西蒙和沃尔多都看到了正统行政学的弊端，但两人的解决方案却截然不同。西蒙主张按照逻辑实证主义事实与价值分离的立场，将行政学研究建立在经验事实领域，构建一门价值中立的行政科学来提高政府效率；而沃尔多则主张放弃效率至上的准则，将行政学研究扎根在对民主、人类幸福、福利和美好生活

---

① Dwight Waldo. *The Administrative State*：*A Study of the Political Theory of American Public Administration*. New Jersey：Transaction Publishers，2007，p. 76.

② Ibid.，p. 210.

③ David Rosenbloom，Howard McCurdy. *Revisiting Waldo's Administrative State*. Washington：Georgetown University Press，2006，p. 2.

等带有哲学元素的价值诉求的基础上，加强行政哲学研究。由此，在行政学研究中掀起了一场长达半个世纪且影响极其深远的争论，这就是著名的"西蒙 - 沃尔多之争"（以下简称西沃之争）。

三　西沃之争的焦点：实证主义 vs 人文主义

在批判正统行政学时，西蒙和沃尔多的立场基本一致，但在如何改造正统行政学的问题上，两人产生了分歧。这种分歧虽然涉及行政学研究的诸多方面，但都与一个焦点问题有关，那就是行政学研究的方法论问题。西蒙主张基于逻辑实证主义方法论，以经验事实为依据来构建一门行政科学，强调价值中立甚至是价值祛魅；沃尔多则主张基于人文主义方法论，以价值诉求为依据来恢复行政学研究中的哲学传统，开启了行政哲学研究的先河。

与西蒙的行政学思想根植于科学哲学特别是逻辑实证主义不同，沃尔多的行政学思想扎根于政治史和经典政治理论，他对当时非常流行的经验分析特别是逻辑实证主义非常不满。沃尔多曾回忆说，当他接触到如下观点，即人们只有成为哲学上的逻辑实证主义者才能在科学上有所成就时，他感到非常震惊。在沃尔多看来，这种十分严格而又机械的方法一定是存在问题的。特别是，当西蒙讽刺政治理论家采取的那种"散漫的、文学性的、隐喻式的方法论在逻辑学的基本课程中连及格以上的分数都难以达到"[1] 时，沃尔多给予了一种近乎挖苦且意味深长的回应。

> 西蒙教授力图避免遭遇政治理论家，并根据他自己的主张，

---

[1]　Herbert Simon. "Development of Theory of Democratic Administration：Replies and Comments". *American Political Science Review*, Vol. 46, No. 2, 1952, pp. 494 - 503.

将他自己隐藏在一个写有"安静！科学家正在工作"字样的屏风后面。但是，如果他希望为他的著作中的一致性和关联性进行辩护的话，他显然应该花费更多的时间来研究传统政治理论而不是研究他的那些逻辑书籍。①

沃尔多这段话的精彩之处，不只在于以同样近乎嘲讽的方式回应了西蒙对政治理论家的讽刺，而且委婉地表达了对西蒙提倡的事实与价值分离的不满，即"安静！科学家正在工作"。因为在西蒙看来，行政学研究中不应有价值命题的立足之地，行政学家不应受到价值命题的干扰，沃尔多的这句话极其巧妙地点出了西蒙的立场。

前文已指出，西蒙基于事实与价值的分离，将行政学的研究领域严格地控制在事实命题的范围之内，并以"决策"作为基本概念工具，构建了一整套严密的行政科学体系。对此，沃尔多同样给予了强烈地批判。沃尔多指出：

> 我相信，不存在一个可以将价值加以排除的"事实决策"的领域。决策就是要从备选方案中进行筛选，而在备选方案中进行筛选的做法本身就是导入价值。赫伯特·西蒙无疑对行政学研究做出了杰出的贡献。然而，当他不受他所鼓吹的方法论的影响时，才做出了这些贡献。②

显然，在沃尔多看来，西蒙遵循的逻辑实证主义方法论降低了他为行政学做出的贡献。沃尔多认为，西蒙强调的决策过程，本身就是

---

① Dwight Waldo. "Development of Theory of Democratic Administration: Replies and Comments". *American Political Science Review*, Vol. 46, No. 2, 1952, pp. 494 – 503.

② Dwight Waldo. "Development of Theory of Democratic Administration". *American Political Science Review*, Vol. 46, No. 1, 1952, pp. 82 – 103.

一个依据决策者的价值取向来选择备选方案的过程。因此，西蒙关于在行政学研究中区分事实和价值的观点"貌似正确且具有说服力"，实际上根本就是无稽之谈。

沃尔多之所以认为事实与价值无法区分，是因为在他看来，事实与价值不是机械地结合在一起，而是有机地结合在一起。纵然西蒙可以在逻辑上把它们区分为两个"纯净的"部分，但是，在实际的行政学研究中，事实与价值是无法分离的。沃尔多指出："被研究之物就是被赋予价值之物，不然它就不会被研究……通过仔细地经验考证就会发现，价值已经从后门中进来了"①。

既然事实与价值不可分割，那么，西蒙构建的行政科学就只能是一种理论上的假设。在沃尔多看来，将自然科学的概念和方法运用于行政学研究，并且以运用的程度来衡量行政学的科学化程度，这是令人难以接受的。一方面，尽管自然科学的方法特别是其所谓的科学方法往往是不容置疑的，但现实中的行政现象要复杂得多；另一方面，任何科学发现的本身都具有实验性和不完善性，它们在多大程度上适用于行政学研究是未知的、有争议的。沃尔多严厉地驳斥了那种认为行政学只是"二等公民"的观点，并认为行政学可以与自然科学一样，对人类社会的发展进步做出巨大贡献。

在批判了西蒙的逻辑实证主义方法论之后，沃尔多提出了自己关于行政学研究方法论的看法。沃尔多认为，行政学研究者应更多地借鉴其他社会科学研究的成果，将行政学建立在更为广泛的历史、政治和文化的基础上，使行政学研究更加开阔、更少狭隘、更加理论化。②

①　Dwight Waldo. *The Study of Public Administration*. New York：Random House，1955，p. 64.

②　Dwight Waldo. *The Administrative State：A Study of the Political Theory of American Public Administration*. New Jersey：Transaction Publishers，2007，p. 163.

这显然是一种人文主义方法论倾向，它着重于从价值层面来看待和理解行政现象和政府的行政活动，关注行政中的"美"和"善"。

在西蒙和沃尔多争论的开始，西蒙还保持了强劲的回击势头，例如抨击沃尔多的论文是"装饰着断言、谩骂和隐喻的文章"，指责沃尔多本人是一个"散漫的、不严谨的政治理论家"等。但是，当沃尔多对西蒙的逻辑实证主义方法论提出了严厉的批判时，西蒙却很少对此做出正面回应。他坚持认为，《行政行为》一书本身就是对自己最好的辩护。对此，西蒙解释说：

> 在重大问题上，例如行为科学对传统政治科学之争，有限理性对最优决策之争，认知心理学对行为主义之争，以及机器思维，我很少直接回击批评，而更喜欢依据自己的主张来证实自己的逻辑：宁愿自己来确定问题，而不在对手设定的框架中进行辩论。①

西蒙之所以不愿意在这一问题上与沃尔多正面交锋，一个很重要的原因就是，逻辑实证主义作为一种方法论，本身就存在着很大的争议。西蒙本人是一个喜欢学术争论的人，但由于逻辑实证主义是西蒙从事行政学研究的方法论基础，而沃尔多对逻辑实证主义充满了敌意，如果展开正面交锋，只能使争论陷入僵局。对此，法默尔的评论是十分中肯的。法默尔指出："西蒙的文本并没有太详细地论及实证主义的文本，在这一意义上说，它既不是对逻辑实证主义的观点的挑战，也不是要补充支持性的论证；它只是利用它们去支持决策过程的

---

① Herbert Simon. *Models of My Life*. New York：Basic Books Inc，1991，p. 277.

研究"①。西蒙也在 1991 年对此进行了说明：

> 我现在仍然被批判为"实证主义"，而且好像这是一个罪过似的，不是大罪也是小过……它们来源于当下的潮流，即把实证主义当作贬义词使用，但对实证主义究竟是什么却没有一个清楚的概念。②

可见，西蒙进行学术争论的前提是：爱我，爱我的逻辑。如果你不爱我的逻辑，我无法与你展开争论。西蒙非常清楚地知道，在他的对手沃尔多那里，逻辑实证主义本身就是一个贬义词。既然沃尔多与自己从事行政学研究的方法论基础不同，争论就没有意义。至于哪种方法论更适用于行政学研究，只能在学科未来发展中得到检验。在当代的行政学研究领域，有两个主要的流派：一个是管理主义流派；一个是宪政主义流派。前者是西蒙的王国，后者则是沃尔多的领地。

由于西蒙和沃尔多秉持的方法论不同，导致两人对行政学研究目标的看法各异。西蒙虽然批判了正统行政学，但却继承并发展了正统行政学的效率观。通过事实与价值的分离，西蒙非常成功地将行政学的研究目标瞄准在效率上。在西蒙看来，只有帮助政府提高效率，行政科学才能获得作为一门实用科学的合法性。沃尔多对此指责说，西蒙的行政科学充满了自相矛盾的地方。他既是激进的，也是保守的。说他激进，是因为他对正统行政学的"行政谚语"提出了无情地批判；说他保守，是因为"他对正统行政学的某些基本信念又是很忠实的"。沃尔多尖刻地指责说：

---

① ［美］戴维·法默尔：《公共行政的语言：官僚制、现代性与后现代性》，吴琼译，中国人民大学出版社 2005 年版，第 257 页。

② Herbert Simon. *Models of My Life*. New York：Basic Books Inc，1991，p. 270.

当效率这个概念受到批评并被认为是一种过于狭窄而又难以理解的标准时，西蒙小心地为这一概念下定义并予以加工，在纯粹的与实用的科学之间划定一条界线，并且力争当把效率应用于实用行政科学的各个实际领域时，是一个很恰当的标准。①

在沃尔多看来，西蒙的行政科学不过是为正统行政学的效率至上原则提供了一个"避风港"，而效率至上具有"反民主性"。尽管西蒙一再声称效率只是一个价值中立的概念，是一个衡量政府表现的工具和手段，但沃尔多却认为效率并非一个简单的描述性概念，而是一个强有力的道德概念。沃尔多指出："在相当程度上说，对效率的赞美可被看作是新教伦理的世俗化和物质化。效率的信条就是信仰'强有力的基督教'"②。因此，西蒙对效率的辩护实际上是在"破坏美国社会的根基"，沃尔多指出：

> 人们认为，我们应该将效率视作行政"科学"的中心概念，但由于我们"信奉"民主，所以我们得容忍某种程度的民主，这种看法是在破坏美国社会的根基。一旦这一标准在实践中得到遵循，那么，既要坚持认为效率是价值中立的，又要同时承认它是行政"科学"的中心概念，就等于承认自己是虚无主义的。③

西蒙作为一位有着坚定民主信仰的学者，他准确地预测到了沃尔

① ［美］德怀特·沃尔多：《公共行政学研究》，转引自［美］理查德·斯蒂尔曼《公共行政学：概念与案例》，竺乾威等译，中国人民大学出版社2004年版，第23页。

② Dwight Waldo. *The Administrative State：A Study of the Political Theory of American Public Administration.* New Jersey：Transaction Publishers，2007，p. 194.

③ Dwight Waldo. "Development of Theory of Democratic Administration". *American Political Science Review*，Vol. 46，No. 1，1952，pp. 82 – 103.

多可能就所谓的"效率反民主"对他进行攻击。但是，西蒙作为一个以学术为业的人，他致力于构建的是精致的行政科学。因此，他应对这种攻击的策略是将问题相对化，强调为实现效率而进行的选择常常是与其他选择相关联的，而并非要反对任何绝对的标准。① 换言之，西蒙认为，效率是由情境决定的。只要与效率相关的问题，哪怕是价值问题，都是可以考虑的，而其他的则可以忽略不计。

四　西沃之争对行政学实证主义的影响

"沃尔多路径"是对作为行政学研究主流方法论的"西蒙主义"（Simonism）的挑战和反对。然而，需要指出的是，尽管沃尔多与西蒙一样，都对正统行政学提出了强烈不满，但西蒙却用逻辑实证主义构建了一套具有逻辑分析工具和概念演绎框架的严密的行政科学体系作为拯救行政学的方案，而沃尔多却并未提出任何有效的应对策略。沃尔多最大的贡献，就是将民主价值注入行政学研究的理论与实践中，但过于理想化，只是一个虚无缥缈的"空中楼阁"。从这个意义上讲，西蒙是行政学的"救赎者"，而沃尔多更多的是行政学的"肇始者"。弗莱的评价极为中肯，他说："沃尔多只是公共行政领域的一个破坏者而不是一个创造者，他颠覆了正统论的公共行政学世界，却无力建构起一个新的世界"②。

面对沃尔多的指责和抨击，西蒙自始至终都表现得极为平静。在1995 年接受美国公共行政学会颁发的"德怀特·沃尔多奖"时，西蒙谦虚地说：

---

① ［美］麦克斯怀特：《公共行政的合法性：一种话语分析》，吴琼译，中国人民大学出版社 2002 年版，第 155 页。

② Brian Fry. *Mastering Public Administration*：*From Max Weber to Dwight Waldo*. New Jersey：Chatham House Publishers，1989，p. 243.

德怀特和我都感觉到行政理论的某个特殊问题亟待解决。我们的区别在于，对于哪些问题是最为紧迫的有着不同的选择。除此之外，我们之间并没有真正的矛盾……公共行政学过去多年的发展表明，它吸收了这两种变革的成果。到 1950 年，我们已经看到这两种观点整合进了新的教科书中……一直到最近几年，这两个主题——政策与行政的关系，以及组织运作的方式（特别是有效率的运作），依然是公共行政学文献的主流篇章。①

尽管如此，沃尔多的"肇始"依然对占据主流地位的行政科学及其支撑——实证主义方法论产生了一定程度的冲击。这种冲击主要体现在两个方面。

首先，沃尔多对行政学的科学性提出了质疑。沃尔多坚持认为，行政学并非一门实用科学，而且它也不可能成为一门实用科学，它只能是一种专业，绝不能用代表科学性的各种标尺来衡量行政学的"科学性"。行政学作为一个学科，只可能是一种推动人类社会发展进步的综合性的理论知识。沃尔多的这一观点，实际上是对行政学学科性质的一种否定。

其次，沃尔多强烈批判逻辑实证主义，主张将"美学的、形而上学的、伦理的世界"植入行政学研究中。在沃尔多那里，逻辑实证主义本身就是一个贬义词，事实与价值根本无法分离。既然如此，行政学就应该抛弃逻辑实证主义，将自己建立在政治、历史和文化的根基之上。也就是说，行政学应该也必须关注价值，重视"应然"。要做

---

① Herbert Simon. "Guest Editorial". *Public Administration Review*, Vol. 55, No. 5, 1995, pp. 404 – 405.

到这一点，行政学研究就必须放弃对效率的追求，而将民主、人类幸福、福利和美好生活等价值诉求作为行政学研究的首要目标。这实际上是对行政科学立身之本的一种置换。

第二节　行政学实证主义方法论面临的挑战

沃尔多对行政科学的挑战，虽然未能从根本上撼动实证主义方法论在行政学研究中的主流地位。但是，正是由于沃尔多的鼓与呼、倡与擂，不断涌现出对行政学实证主义方法论的指责和诘难，使其面临着日益严峻的挑战。沃尔多领衔的新公共行政和20世纪70年代末勃兴的公共管理，毫无例外地把批判的矛头对准了实证主义行政学的基本信仰和学术观念。

一　新公共行政对实证主义行政学的指责

1968年的第一次明诺布鲁克会议，宣告了新公共行政学派的诞生。应该说，新公共行政学派是一个"应运而生"的学派，它的发起者同时也是领军人物，就是"肇始者"——德怀特·沃尔多。这一学派的中坚力量，几乎全部都是沃尔多的门徒或忠实的追随者，如弗雷德里克森、斯蒂尔曼、卡罗尔、马里尼（Frank Marini）以及万姆斯莱（Gary Wamsley）等人。卡罗尔和弗雷德里克森说得非常直接："在许多方面，我们都是沃尔多的学生。今天，我们学习公共行政，就是聆听沃尔多的教诲；今天，我们研究公共行政，就是接受沃尔多的观点；今天，我们实践公共行政，就是践行沃尔多的理想"①。新公共行政学派在沃尔多的带领下，高举"社会公平"的旗帜，倡导将民主行政注入行政学研究，强调关注价值和意义，着重建立行政学研究中的规范理论。

这一学派之所以宣称自己是"新"公共行政学，是因为它希望凸显出自己与"老"公共行政学的区别。在新公共行政学派看来，正统行政学以及西蒙致力于构建的行政科学已经过时了，它们都无法应对时代发展的趋势，而导致这一困境出现的重要原因，就在于它们秉持的实证主义方法论"促使人类原有的终极信仰转变为对客观知识和工具理性的信仰，导致意义的沦丧，形成现代人内在的空虚感，促使人类社会更加世俗化、更为功利"②。因此，要想使行政学研究更好地应对时代发展的潮流，就必须摒弃实证主义方法论，以20世纪60年代末期和70年代产生的现象学、本土方法论、符号互动论以及解释学和批判理论作为行政学研究的新的方法论，同时强调公共行政的"公共性"，而这正是新公共行政区别于老公共行政或旧公共行政的精髓所在。新公共行政学认为，正统行政学和行政科学都有一个共同的，同时也是最让人无法忍受的弊端，那就是对行政学研究中的规范价值的漠视。新公共行政学对此给予了强烈地批判，并提出了在行政学研究中注入价值元素的主张。

首先，新公共行政学对正统行政学的基本信仰——政治与行政二分法，以及行政科学的基本信仰——事实与价值的分离表示了强烈不满甚至愤慨。新公共行政学者们认为，所谓的事实与价值分离，在本质上与二分法别无二样。它们都将行政学研究局限在一个非常狭

---

① James Carroll, George Frederickson. "Dwight Waldo: 1913—2000". *Public Administration Review*, Vol. 61, No. 1, 2001, pp. 2–8.

② 丁煌：《西方行政学说史》，武汉大学出版社2004年版，第304页。

窄的领域内以展示其客观性，尤其是把研究重心聚焦在行政机关的政策执行、预算、人事、组织以及许多其他的"中性"问题上，很少重视与政治和社会密切相关的价值问题的研究，致使公共行政游离于社会政治现实之外，无力解决现实的社会问题和处理社会危机。由于正统行政学和行政科学均奉行价值中立的原则，因此，它们极力避免对所研究的行政学问题做出"好"与"坏""应该"与"不应该"的价值判断，而将研究局限在可加以经验观察的、可计量的以及可证实的领域，这实际上是以接受现存制度与现存价值为前提的。但是，纯粹的价值中立不可能存在于学术研究中，因为每一个研究者都将不可避免地在研究中融入自己的价值观。弗雷德里克森就此批评道："价值是公共行政的灵魂……那种一方面把政府政治和政策制定过程作为价值表达，另一方面把行政作为单纯技术和价值中立的政策执行的做法，是失败的。无论任何人，欲研究行政问题，皆要涉及价值之研究；任何从事行政实务的人，他实际上都在进行价值的分配"[①]。

在新公共行政学派看来，秉持价值中立原则的另一个严重恶果，是它对行政学研究产生了极其严重的误导作用，使行政学研究者高居象牙塔之中，远离社会生活，接受既定制度阉割的学术的批判精神，使研究无法影响或参与到决策过程之中。新公共行政学主张行政学者应以其专业知识从事价值判断，强调批判理论和道德哲学对公共行政研究的意义，推崇"后逻辑实证主义"哲学流派的思辨方法（后逻辑实证主义在本质上是反实证主义的），要求行政学者深入社会与政治，积极宣传自己对于现实问题的认识和批判。新公共行政学"极力主张

---

① ［美］乔治·弗雷德里克森：《公共行政的精神》，张成福等译，中国人民大学出版社 2003 年版，第 142 页。

学者应该设法使自己的主张为政策制定者所用，并基于对问题的深刻理解让自己成为变革的倡导者。由此可见，新公共行政运动在它的发展方向中很明显地带有规范性"①。

其次，在反思和批判了被正统行政学和行政科学奉为圭臬的价值中立原则之后，新公共行政学提出了将价值元素注入行政学研究的观点，并认为行政学研究需要关注的首要价值，同时也是行政学研究的核心价值，就是社会公平。1988 年和 2008 年的第二次与第三次明诺布鲁克会议与第一次明诺布鲁克会议相比，虽然在议题上有所不同，但都将重视社会公平作为每次会议永恒的主题，第三次明诺会议还从地区和全球的视角关注社会公平。② 新公共行政学者们认为，在很长一段历史时期内，公共行政"很少关注'公共'这一概念，并忽略公众的存在"③。新公共行政学者在伦理学和政治哲学的意义上讨论"公平"，并提出"社会公平"的核心价值，认为判断一个"好"的公共行政的标准是"服务是否增加了社会公平"。一个民主立宪政体的首要原则"就是保证公平的政治自由，提倡公平的参与原则，关注法律、事实和结果三方面的公平，通过对最少受惠者予以必要的补偿来减少社会不公平"④。弗雷德里克森就此指出：

> 社会公平强调政府提供服务的公平性；社会公平强调公共管理者在决策和组织推行过程中的责任与义务；社会公平强调公共

---

① ［美］罗伯特·登哈特：《公共组织理论》，项龙、刘俊生译，华夏出版社 2002 年版，第 121 页。

② 孙珠峰、胡伟：《后新公共行政时代的来临——第三次明诺布鲁克会议述评》，《学术月刊》2014 年第 2 期，第 98 页。

③ ［美］戴维·罗森布鲁姆、罗伯特·克拉夫丘克：《公共行政学：管理、政治和法律的途径》，张成福等译，中国人民大学出版社 2002 年版，第 507 页。

④ 张康之、王晓云：《在两场学术运动巧遇的背后——论政治文化研究与新公共行政运动的内在联系》，《吉林大学社会科学学报》2005 年第 1 期，第 147 页。

行政管理的变革；社会公平强调对公众要求做出积极的回应而不是以追求行政组织自身需要满足为目的；社会公平还强调在公共行政的教学与研究中更注重与其他学科的交叉以实现对解决相关问题的期待……总之，倡导公共行政的社会公平是要推动政治权力以及经济福利转向社会中那些缺乏政治、经济资源支持，处于劣势境地的人们。①

新公共行政学者认为，要实现社会公平这一核心价值，就必须在行政学研究中构建民主行政理论，这也是对沃尔多规范理论想法的践行。民主行政理论的核心在于：将民主视为一套价值观，把公民需求作为行政体系运转的轴心，使政府在本质上成为"公民的伙伴"，注重公民参与和回应性，这就是"公共行政的精神"。从这个意义上讲，新公共行政学力图构建的不是追求效率至上的行政学，而是"以公民为中心的公共行政学"②。

二 公共管理对实证主义行政学的抨击

20世纪70年代中期，西方国家掀起了一场政府改革运动的浪潮。公共管理，可以看作是对这场波及大多数西方国家的改革运动在学理上的总结。作为一个名词，而且是一个时髦的名词，公共管理的内涵十分丰富，但同时也充满了争议。在此，我们无须梳理这些争议，也无意加入争议，只是希望从学科建制化的角度，对公共管理做一个界定。

---

① ［美］乔治·弗雷德里克森：《新公共行政》，丁煌、方兴译，中国人民大学出版社2011年版，第7—8页。

② 刘亚平：《公共行政学与美好社会》，《广西民族大学学报》（哲学社会科学版）2011年第4期，第140页。

　　我们认为，无论是公共管理，还是前文提及的正统行政学、行政科学与新公共行政学，都是对作为一个独立学科的行政学在不同历史时期的一种"包装"。换句话说，它们只是行政学在某一个时期的称谓，它们本身就是行政学，而不是什么其他的东西。我们并不认同所谓的"行政学范式转变说"，更不认同所谓的"公共管理取代行政学"的观点，这些观点毫无疑问是极其荒谬的。因为如果这些观点成立，那就意味着承认行政学消失了，出现了一个完全不同于行政学的学科，这个学科替代了行政学的位置。公共管理狂热的鼓吹者欧文·休斯（Owen Hughes）甚至认为："传统的公共行政模式已经永远成为过去，新公共管理已经取而代之"①。我们相信，任何一个具备专业信仰的行政学研究者都不会认同这个观点。

　　公共管理这个概念之所以产生，有两个原因：一是西方国家的政府改革运动，在本质上就是对官僚制的改革，而官僚制是正统行政学的一个基本信仰；二是当实践中的改革投射到学术研究中的时候，引发了对正统行政学的再一次批判。这些批判者们希望能够提出一个不同于正统行政学，同时也不同于行政科学和新公共行政学的概念。于是，他们创造了公共管理（Public Manage）这个名词。用公共管理的热衷者克里斯托弗·胡德（Christopher Hood）的话说就是："在许许多多大学课程、系主任职务、论文、著作、刊物以及会议的名称中，很多从前被称为'公共行政'的，如今都被重新冠名为'公共管理'"②。

　　可见，公共管理与新公共行政一样，都是建立在对正统行政学

---

　　① ［澳］欧文·休斯：《公共管理导论》，张成福、王学栋等译，中国人民大学出版社2007年版，第18页。
　　② ［英］克里斯托弗·胡德：《国家的艺术：文化、修辞与公共管理》，彭勃、邵春霞译，上海人民出版社2004年版，第3页。

和行政科学的批判之上的。只不过，它们批判的出发点和角度不同。新公共行政着力于批判的是实证主义行政学的价值中立原则，希冀将社会公平和民主行政等价值诉求作为行政学研究的首要目标，以此来推动行政学研究更好地融入并服务于现实社会和政治；公共管理着力于批判的，则是实证主义行政学在政府管理实践中的载体——官僚制，并希望能够构建一种不同于官僚制的行政模式。如果我们将公共管理视为行政学在现代社会的一种特殊称谓的话，那么，它至少有三个重要的组成部分，分别是：新公共管理、新公共服务和公共治理。

（一）新公共管理对官僚制的指责和对效率的回归

新公共管理，又被称为新管理主义（New Managerialism），它有两个核心理念。一是管理的自由化。新公共管理认为，公共管理者是具有高度专业化的和通晓如何管理的、掌握着信息的个人。然而，传统的官僚制模式要求管理者只需要机械地执行政策即可，无须参与决策，而且还给他们设定了烦冗笨重的规则，使公共管理者成为"被制度束缚的人"。因此，必须将他们从这些繁文缛节中解放出来，并在政府机构中给他们授权，让他们拥有充分的自由裁量权，实现"让管理者来管理"的目标。这既是对官僚制的批判，同时也表达了对实证主义行政学价值中立原则的不满。因为正是得益于价值中立的原则，官僚制才能够成为政府管理实践中普遍的组织模式。二是管理的市场化。在新公共管理看来，官僚制之所以普遍存在效率低下的弊端，是因为在官僚制内部缺乏竞争，而没有竞争的组织必然是没有效率的组织。同时，由于私营部门的管理实践和技术普遍优于公共部门，而公私部门之间虽然存在一些区别，但

"政府不可能像企业那样运作这一事实并不意味着它不可能更有企业家精神"①。因此，新公共管理主张将私营部门的管理方法和技术移植到官僚机构中，用"企业家精神"来改造并重塑政府，使政府可以像企业一样，具备"顾客意识"，合理利用资源，注重投入产出，提高绩效水平。

如果说新公共管理秉持的管理自由化理念是对官僚制和价值中立原则的批判，那么，管理市场化理念在本质上是对实证主义行政学的"一般管理原则"和"效率至上"的回归。在正统行政学时期，泰勒和法约尔等人就是基于工厂和企业管理的成功经验，总结出科学管理原理和一般管理原则，并认为它们可以适用于政府机构，而对这些原则的运用就是为了提高效率。同时，西蒙的行政科学虽然将这些原则贬斥为"行政谚语"，但却保留了对效率的追求。反观新公共管理的"企业家精神""顾客意识""竞争机制"和"投入产出"等市场化理念，与正统行政学倡导的将在企业管理中行之有效的管理原则和技术移植到政府机构的思路如出一辙。只不过新公共管理强调移植到政府机构中的不是更具操作性的管理原则，而是一种更为宏观的"企业家精神"罢了。此外，新公共管理用"绩效"取代了"效率"，但这并无本质区别，因为用来衡量政府绩效水平的标准是"3E"，即经济（Economy）、效率（Efficiency）和效益（Effectiveness）。

（二）新公共服务对民主和公民权的重视

新公共服务的提出，是建立在对新公共管理尤其是其核心理

---

① ［美］戴维·奥斯本、特德·盖布勒：《改革政府：企业家精神如何改革着公共部门》，周敦仁等译，上海译文出版社2006年版，序，第23页。

念——企业家政府的批判基础之上的。在新公共服务的代表人物罗伯特·登哈特（Robert Denhardt）看来，如果按照企业家政府的理念，公共管理者的任务是"掌舵"而不是"划桨"，那么，他们在掌舵的时候，很容易遗忘政府这艘航船的主人是谁。因此，公共管理者的任务既非掌舵，也非划桨，而是服务。同时，他们是为公民服务，而不是为所谓的"顾客"服务。

不难看出，新公共服务与新公共行政是一脉相承的关系。由于新公共行政提出的构建民主行政理论和重视行政"公共性"的主张过于宏大，而新公共管理在 3E 的基础上增加了"公平"（Equality），将 3E 变为 4E，使社会公平的诉求沦为绩效评估的一个指标，导致新公共行政犹如昙花一现，成为行政学发展中的一个匆匆过客。登哈特敏锐地看到了这一点，因此，他提出了看起来更具操作性的"新公共服务"来代替新公共行政，希冀重建公共行政的"公共性"，并再次引发行政学研究者对于民主、公平和公民权的关注。简言之，新公共服务试图提供一个"充分重视民主、公民权和为公共利益服务的理论框架"①。同时，与新公共行政完全摒弃效率的观点不同，新公共服务还试图整合效率与民主。正如登哈特所说："效率和生产力等价值观不应丧失，但应当被置于民主、社区和公共利益这一更广泛的框架体系之中"②。

实际上，登哈特的新公共服务可以视为对行政学研究中的价值的再次关注，它可以被归为所谓的"后现代公共行政"。它认为，对实证主义的依赖明显地限制了行政学研究的思想范围，强化了对已经成

---

① 丁煌：《西方行政学说史》，武汉大学出版社 2004 年版，第 413 页。

② Robert Denhardt, Janet Denhardt. "New Public Service：Serving Rather than Steering". *Public Administration Review*, Vol. 60, No. 6, 2000, pp. 549 – 559.

为主流公共行政模式组成部分的客观化和非人格化的倾向。同时，对实证主义的依赖根本不允许行政学研究者获得对作为人类生活重要组成部分的意义和价值观最充分和最完备的认识。因此，需要在行政学研究中建立一些可以替代实证主义的备选方案，这些备选方案应当更加关注价值，更加关注主观的人类意义，并且更加关注现实中人们之间的关系所蕴含的各种情绪和感情。

正是基于这样的认识，新公共服务强调公民权，强调公共行政人员与公民的对话。在新公共服务看来，负责任的行政人员应当把公民带到"桌子旁边"，使公民不仅参与决策，而且以一种承认在一个民主系统中有多种复杂层次的职责、伦理和责任的方式为公民服务。登哈特坚持认为，未来的政府治理必定会越来越以包括公民与行政官员在内的相关各方之间开诚布公的会话为基础。20世纪末勃兴的公共治理，在一定程度上验证了登哈特的预测。

（三）公共治理对官僚制的改造和对特定场域的聚焦

与公共管理一样，治理也是一个很时髦的词汇。学界的主流观点认为，随着人类社会逐渐进入后现代节奏，政府管理模式也相应地由管理演化为治理。为了与公共管理相对应，一些学者将治理称为公共治理。实际上，围绕着"治理"的概念，已经衍生出了许多子概念。其中，最著名的莫过于"合作治理"（Collaborative Govern-ance）、"网络治理"（Network Governance）和整体性治理（Holisitic Governance），它们都可以视为对治理的进一步细化。合作治理倾向于描述治理的方式，即治理是通过合作的方式来实现的。合作治理的根本特征是复合性，包括治理主体的复合性、管理的复合性和治理工具的复合性;① 网络治理侧重于描述治理的形式, 即治理是一种网络结构。由于网络结构中互相依赖和集权化的特性是并行不悖的, 因此, 每一个组织都在其中寻找相对比较优势, 并基于这种优势来参与社会的治理;② 整体性治理着眼于政府机构本身的治理结构, 即政府机关在职能结构上的整体性。整体性治理的提出主要是为了应对政府治理的碎片化, 主张政府管理从分散走向集中, 从部分走向整体, 从破碎走向整合。③ 虽然各种类型的 (合法) 组织, 包括公民个人都可以参与到治理过程之中, 但政府在其中扮演了 "元治理" (Metagovernance) 的角色。从这个意义上讲, 用公共治理这个词汇也是无可厚非的。

　　公共治理对实证主义行政学的批判, 主要体现在两个层面。

　　首先, 与新公共管理一样, 公共治理同样对官僚制在批判的基础上进行了改造。新公共管理是希望运用企业家精神来重塑官僚制, 而公共治理则通过为官僚制寻找 "伙伴" 来改造官僚制。公共治理最重要的一个特征, 就是主体的多元性。政府虽然在公共治理中扮演着 "元治理" 的角色, 但私营部门、第三部门与公民个人同样也扮演着重要的角色, 并且他们与政府之间是相互依赖的关系。在某些领域, 非政府组织甚至比政府拥有更大的优势。正是由于这些主体的相互支持与相互依赖, 治理的网络结构才能形成, 合作方式也才可以多样化。正如格里·斯托克 (Gerry Stoker) 所言: "治理意味着一系列来自政府但又不限于政府的社会公共机构和行为者……各种公共的和私

----

① 敬乂嘉:《合作治理: 再造公共服务的逻辑》, 天津人民出版社 2009 年版, 第 172—176 页。

② 鄞益奋:《网络治理: 公共管理的新框架》,《公共管理学报》2007 年第 1 期, 第 93 页。

③ 竺乾威:《从新公共管理到整体性治理》,《中国行政管理》2008 年第 10 期, 第 52 页。

人的机构只要其行使的权力得到公众的认可，就都可以成为在各个不同层面上的权力中心"①。

其次，公共治理彰显了对特定场域的聚焦。一个健康的、运行良好的治理共同体，可以形成一个网络结构。在这个网络之中，治理的各主体经过长期的磨合，形成了一整套正式的或非正式的制度。这些制度适用于该治理网络，但它可能并不适用于另一个治理网络。例如，某个治理网络可以很好地提供公共物品和公共服务，但如果用它来处理公共危机，可能不会适用。同时，同样是提供公共服务的治理网络，在某个地方可以运转良好，但在另一个地方则可能出现问题。也就是说，公共治理具有场域性，治理网络只能适用于特定的场域。一旦场域发生了变化，网络治理也需要随之改变。换言之，在公共治理中，不存在所谓的一般性或普遍性的治理原则和方法，无法归纳出诸如统一指挥和专业分工等治理原则。

总之，任何具有生命力和鲜明时代特色的理论，都是对其所处时代重大社会实践的总结，也是对实践问题和要求的回应。行政学发展到今天，之所以仍然具有旺盛的生命力，就是因为它能够保持对时代发展变化趋势的敏锐性。然而，也正是由于行政学的这一特征，新公共行政和公共管理的勃兴，对实证主义行政学产生了较为猛烈的冲击。在公共管理滥觞的时代，所谓的"主流行政学"成为一个贬义词，越来越多的研究者开始质疑和批判在行政学研究中占据主流地位的实证主义方法论。随着社会科学研究中两种非实证主义方法论的崛起，这一趋势显得尤为明显。

---

① 转引自俞可平主编《治理与善治》，社会科学文献出版社 2000 年版，第 3 页。

第三节　行政学研究中两种非实证
主义方法论的勃兴

如果说新公共行政和公共管理对实证主义行政学的冲击属于行政学的"内部革命"，那么，随着社会科学研究的推进特别是在方法上的不断创新，两种非实证主义方法论——诠释主义方法论和批判主义方法论的崛起，就可视为对实证主义行政学的"外部攻击"。一些研究者逐渐将这两种非实证主义方法论引入行政学研究中，并取得了不俗的研究成果。这种"内外结合式"的冲击，不断侵蚀着实证主义方法论在行政学研究中的领地，致使其呈现出式微的趋势。鉴于有学者已对诠释主义方法论和批判主义方法论进行了较为详细地阐述，我们在此仅对它们的特征做出扼要介绍，着重说明它们对实证主义方法论在行政学研究中的主流地位产生了怎样的冲击。

一　诠释主义方法论的特征及其在行政学研究中的勃兴

诠释主义（Interpretivism）的历史传统可以追溯至德国的观念论（Idealism），其哲学基础是现象学、符号互动论和本土方法论，主要代表人物包括康德（Immanuel Kant）、狄尔泰（Wilhelm Dilthey）和胡塞尔（Edmund Husserl）。与在实证主义方法论支撑下形成的解释性社会科学不同，在诠释主义方法论支撑下形成的是"释义性社会科学"（Interpretive Social Science）。解释性社会科学的研究目的是解释社会现象之间的因果关系，而释义性社会科学的研究目的在于"促进沟通或对话的可能性，说明人们生活各部分之间存在的关系"①。诠释主义方法论强调人（包括研究者和研究对象）是科学研究的起点和终点，社会科学研究必须对社会现象或研究对象进行意义上的阐释。

诠释主义方法论的学术观念与实证主义方法论背道而驰，体现出明显的反实证特征。

首先，诠释主义强调自然科学与社会科学的区别。诠释主义认为，自然科学的研究对象是"物理对象"，而社会科学的研究对象则是"精神对象"。对于"物理对象"，只需认识和解释即可；对于"精神对象"，需要互动和理解。因此，在社会科学研究中，如果仅对社会事物或社会现象进行外在的经验观察，那么只能"认识"它们而不能"理解"它们。对于社会科学研究而言，理解社会现象显然比认识社会现象更重要。要理解社会现象，研究者就必须深入"行动者"（Actor）内部，把他们看作有血有肉的人，而不是冰冷的研究对象。研究者需要与他们发生互动，了解他们的想法，倾听他们的心声，进而理解他们行动的意义。

其次，诠释主义反对实证主义的价值中立原则。由于社会科学研究的是作为"精神对象"的人，因此，他们是自由的，他们的行为是无法通过原子论式的演绎推理来理解的。同时，诠释主义认为主体和客体不是截然分离的，而是相互渗透的。在社会科学研究过程中，研究者的"参考框架"是一个主动的因素。研究者本人对研究对象的看法会在很大程度上影响研究问题的提出、研究材料的选择以及对研究结论的阐释。因此，实证主义推崇的价值中立原则，在社会科学研究中是不可能实现的。

---

① 吴琼恩：《行政学的范围与方法》，（台北）五南图书出版公司 2005 年版，第 195 页。

最后，诠释主义强调语言的场域性。由于社会科学研究的目的是通过研究者与研究对象之间的沟通与互动来把握研究对象行为的意义，因此，沟通与互动的方式就显得尤为重要。在诠释主义看来，逻辑实证主义倡导的对语言的逻辑演绎是极其荒谬的。这种方法将社会现象简约为一般性的语言描述，然后通过逻辑演绎来分析其中的因果关系，它忽略了语言的场域性，无法获得对行动者行为意义的理解。由于沟通和互动是在特定的社会脉络（Social Context）中进行的，语言也必须在特定的场域内来理解。否则，就会导致沟通的障碍和理解的扭曲。

在实证主义方法论的支撑下，定量研究成为社会科学的主流研究取向。随着诠释主义方法论的兴起，社会科学研究中出现了一种不同于定量研究的研究途径，即定性研究，也称为"质的研究"（Qualitative Research），它以"后实证主义为主要哲学基础，在自然情境下通过研究者和研究对象之间的系统互动，并且综合运用多角化技术对社会现象或社会问题进行广泛深入探索"①。与定量研究侧重于通过对变量之间的统计和测量来把握因果关系的研究径路不同，定性研究倾向于在研究者与被研究者的互动关系中，通过长期而深入地调查与体验，获得对研究对象全面而深刻的理解。在定性研究中，研究环境是自然而非人工控制的，并且是不断变化的，研究者要想在不断变化的环境中获得对研究对象行为的"深描"，就必须将自己作为研究工具，与被研究者进行持续而深入地互动，从而全面理解被研究者所处的文化背景和个性特征。②

---

① 牛美丽：《公共行政学观照下的定性研究方法》，《中山大学学报》（社会科学版）2006 年第 3 期，第 76 页。

② 陈向明：《质的研究方法与社会科学研究》，教育科学出版社 2000 年版，第 12 页。

诠释主义方法论及其治下的定性研究在行政学中的勃兴，主要体现为组织理论研究中的现象学分析。它"试图研究组织中的非理性和无意识的行为和决定，它提供了一个机会，让我们能够了解组织中的人们是如何克服他们前进道路上所面临的各种障碍而获得解放的"①。例如，在《官僚经验》一书中，拉尔夫·赫梅尔（Ralph Hummel）基于后现代主义的视角，运用现象学方法，从社会、文化、语言和心理等诸方面，揭露了官僚体制的真实面目以及它对于人意味着什么。赫梅尔指出，官僚机构是非人性化的，它关注效率，而牺牲其他人类价值。因此，官僚机构是一部转换机，它把人们追求人性化生活方式的工作变成了机械的工作，它使得社会沦为组织，文化沦为经济学，心理学沦为认同，语言沦为信息，思维沦为逻辑，政治沦为行政，而身处其中的人也被改造、被转换，成为精神破碎的"客户"。②

二 批判主义方法论的特征及其在行政学研究中的勃兴

批判主义（Criticism）根植于康德的批判哲学、黑格尔（Friedrich Hegel）的辩证哲学、马克思（Karl Marx）的政治经济学批判以及弗洛伊德（Sigmund Freud）的潜意识理论。20 世纪 20 年代，随着法兰克福学派社会批判理论的兴起，尤其是当其第二代掌门人哈贝马斯（Jürgen Habermas）为批判理论建构了认识论基础之后，批判主义也逐渐崭露头角。批判主义最主要的精神是"吸引一切传统思想的'合理性'因素，并以批判方法作为武器，与一切传统思想保持距

---

① 马骏、叶娟丽：《西方公共行政学理论前沿》，中国社会科学出版社 2004 年版，第 13 页。

② ［美］拉尔夫·赫梅尔：《官僚经验：后现代主义的挑战》，韩红译，中国人民大学出版社 2013 年版，第 9 页。

离"①。批判主义作为一种方法论，也是反实证主义的。批判主义认为，所谓的"知识""事实"和"真理"都受到某种价值观或理论的制约。由于受到惯常的社会制度、意识形态和价值体系等因素的影响，人们往往意识不到这些潜在的制约，但实证主义却不加任何批评和否定就全盘接受它们，实际上起到了维护现实的消极作用。

批判主义的逻辑是：自我反省——联系某一物体、人或社会情境来思考自身的思想和行为的能力。它试图改变人们的信仰和行为，希望通过使人们认识到信仰和行为的无意识决定因素来满足人们的需要和需求。② 批判主义方法论的反实证特征主要体现在以下几个方面。

首先，批判主义否定主客体分离。与诠释主义一样，批判主义也不认可实证主义将主体和客体截然分开的观念。但是，与诠释主义的不同之处在于，批判主义认为，由于主客体都有可能受到社会制度和意识形态等惯常因素的制约，因此，研究者在和研究对象进行沟通和互动时，不仅需要理解他们，更需要让他们参与研究，进而为双方自身的解放乃至社会的全面进步而努力。在批判主义看来，社会科学研究的过程应该是一个"主客体共同演化成长、摆脱虚假意识、达到知识领悟的过程"③。通过对现实的批判来唤醒研究对象，作为主体的研究者也可以得到发展和进步，从而获得对研究对象以及自身的更为透彻的理解。

其次，批判主义反对理论的体系化，不认可绝对真理或普遍规律。在批判主义看来，实证主义追求所谓的"科学真理"和"普遍规律"的观念是荒唐的。实证主义是一种追求普遍规律的封闭体系，必

---

① 吴琼恩：《行政学的范围与方法》，（台北）五南图书出版公司2005年版，第285页。

② ［美］杰·怀特、盖·亚当斯：《公共行政研究：对理论与实践的反思》，刘亚平、高洁译，清华大学出版社2005年版，第48页。

③ 陈向明：《社会科学中的定性研究方法》，《中国社会科学》1996年第6期，第95页。

然会陷入"历史宿命主义"的困境。自霍克海姆（Max Hrokheimer）以来，批判主义者都不承认"世界第一原"或"绝对真理"的存在。在他们看来，世界的本质就是"变"。因此，根本就不可能存在什么普遍规律，也不会有永恒不变的真理，必须用批判的方法发现现实中的各种可能性，以实现理想社会。

最后，批判主义强调对客观存在的否定和改变。实证主义的研究目的是解释和预测，诠释主义的研究目的是理解，而批判主义的研究目的则是改变。批判主义吸收了黑格尔和马克思的矛盾、否定和批判等辩证法思想，认为现实充满了矛盾，事物尚未真正成为自己，处于异化的状态。因此，社会科学研究的目的如果仅停留在解释和理解的层面，就意味着对现实的接受。只有不断的否定现实，揭露现实中存在的可能性进而改变现状，才能最大限度地发挥人的主观能动性。

随着批判主义的崛起，社会科学研究中逐渐形成了另一种研究路径，即批判性研究，也称为规范研究（Normative Research）。所谓规范研究，是一种"以价值问题为核心关注点，以解读和诠释文本为主要表现形式，通过严谨的逻辑构造来回答某个学科的基本问题乃至人生与世界的'大问题'的研究路径"①。规范研究侧重于从价值层面来看待社会现实和理解社会问题，倾向于对"应该是什么"等"应然"问题的反思和考量。由于这类问题无法从经验数据中寻找答案，规范研究主要以思想史为依托，通过对某个"大问题"（如正义、自由、战争等）在思想史上的重要文本（Text）的解读来开展研究。同时，规范研究强调对现实世界的反思、批判、改变和超越，重在探讨

---

① 颜昌武、牛美丽：《公共行政学中的规范研究》，《公共行政评论》2009 年第 1 期，第 111—113 页。

社会生活的"替代性未来"（Alternative Future）①，其研究指向是对人生和世界的永恒关切，是对人类美好生活的向往和追求。

规范研究在行政学中的代表，就是新公共行政。新公共行政的领军人物沃尔多的巨著《行政国家》，便是规范研究的集大成之作，也被后世行政学家视为永恒的经典。此外，弗雷德里克森的《公共行政的精神》、登哈特的《在组织的阴影之下》、亚当斯和巴尔佛（Danny Balfour）的《揭开行政之恶》以及斯蒂福斯（Camilla Stivers）的《公共行政中的性别形象》等，都是行政学规范研究的代表作品。这些规范研究作品的共同之处，就是从不同方面，对现代公共行政体系进行了反思和批判。例如，在《揭开行政之恶》一书中，亚当斯和巴尔佛批判了现代公共行政体系中行政伦理的罪恶一面。他们指出，正如去人性化行为与种族灭绝行为中所显示的，行政之恶的趋势已经深入到公共行政的身份认同当中。行政之恶的普遍特征是从事普通职业的人们被卷入邪恶的行径，而本身并不自知其过错。在道德错位的情形下，人们甚至可能将自己的邪恶行为视为好事。② 在《公共行政中的性别形象》一书中，斯蒂福斯基于女性主义这一独特的视角，对传统的关于专长、领导才能和个人品行的定义进行了批判性解构，认为在美国联邦、州和地方政府中存在着较为严重的性别歧视现象，妇女在官僚制机构中普遍处于不利境地，她因此对行政国家的合法性提出了质疑。③

---

① Richard Box. *Making a Difference*：*Progressive Values in Public Administration*. New York：M. E. Sharp，2008，p. 102.

② ［美］盖·亚当斯、班尼·巴尔佛：《揭开行政之恶》，白锐译，中央编译出版社2009年版，第6页。

③ ［美］卡米拉·斯蒂福斯：《公共行政中的性别形象——合法性与行政国家》，熊美娟译，中央编译出版社2010年版，第4—5页。

三　行政学两种非实证主义方法论的勃兴对实证主义的冲击

就两种非实证主义方法论取向的研究路径的特征来看，规范研究更强调哲学思辨在研究中的作用，它更加富有"形而上"的色彩。定性研究虽然与定量研究的路径有所差别，但不可否认的是，它们仍然存在诸多相同或相似之处，例如，它们的研究对象都是客观存在的社会事物，它们都需要采取观察或实地调查方法，它们都具有"形而下"的色彩。因此，现代社会科学往往在研究的类型上将规范研究归为一类，将定量研究和定性研究归为一类，统称为实证研究。规范研究与实证研究一起，构成了社会科学研究的二元路径。正如有学者指出："任何社会科学的研究总不能摆脱规范与经验的二元化取向，都是在规范研究与经验研究的张力场中成长的"[1]。

诠释主义和批判主义在行政学研究中一直不受重视，甚至被忽略。对此，怀特和亚当斯认为，诠释和批判之所以被忽视，某种程度上是因为这些推理模式在历史上一直与人文科学相关，而人文科学被认为是与科学遵循完全不同的探究逻辑。这种逻辑顶多被视为是非理性的，最差的情况下，它被视为是反理性的；另一个原因是，科学哲学家们过于狭隘地重构了科学探究的逻辑，而忽视了诠释和批判在科学探究中所起的作用。[2]

尽管如此，对于在行政学研究中长期占据主流地位的实证主义方法论而言，诠释主义和批判主义的勃兴，定性研究和规范研究的崛起，仍然对其产生了一定程度的冲击。这种在行政学之外的、纯粹的

---

[1] 胡伟：《在经验与规范之间：合法性理论的二元取向及意义》，《学术月刊》1999年第12期，第77页。

[2] ［美］杰·怀特、盖·亚当斯：《公共行政研究：对理论与实践的反思》，刘亚平、高洁译，清华大学出版社2005年版，第18页。

方法论上的冲击，较之于行政学的"内部革命"，更为直接，力度也更大。这种外部攻击的影响主要体现在两个方面。

首先，这种外部攻击意味着在行政学研究中存在实证主义方法论的替代者。自行政学诞生之日起，就深深地刻上了实证主义的烙印。随着西蒙行政科学的构建，实证主义方法论确立了在行政学研究中的统治地位。尽管有些异端和骚乱对实证主义的确构成了挑战，但由于它们无力建构起像行政科学一样系统而严密的替代体系，因此，它们充其量只是"由一些肇事者发起的群体性事件"，这种"群体性事件"尚无力撼动实证主义"一枝独秀"的地位。但是，两种非实证主义方法论的勃兴，意味着实证主义"一枝独秀"的局面是可以打破的，因为在它们自己看来，它们本身就是实证主义"理想的"替代者，特别是批判主义方法论。随着所谓的"后现代公共行政"的发端，批判主义方法论治下的规范研究似乎看到了破解实证主义定量研究的曙光。再加上作为"内部革命者"的新公共行政已有的基础，在20世纪中后期，行政学研究中出现了数量可观的规范研究作品。这让一些对主流行政学怀有深刻不满情绪甚至充满敌意的研究者，看到了战胜实证主义的希望。以怀特和亚当斯为代表的一批学者，借此对美国行政学研究质量进行了评估。评估的结果之一，就是主流社会科学的研究方法要么没用好，要么就根本不适用于行政学研究。

其次，这种外部攻击意味着行政学找到了走出"身份危机"困境的阳光大道。自沃尔多提出"身份危机"的概念之后，围绕着"身份危机"衍生出一系列的次生概念，如"研究品质危机""合法性危机"和"认同危机"等，这些危机实际上反映了一个共同的问题，那就是行政学作为一个独立学科的地位长期得不到认同。行政学为什么得不到认同呢？因为行政学过于偏爱效率而忽视了民主和社会公平。

进一步追问的结果就是：行政学何以如此偏爱效率而忽视社会公平呢？因为从行政学诞生之日起就蒙上了实证主义的阴影。当实证主义治下的定量研究成为行政学领域的主流研究路径时，必然导致行政学将研究目标定位于技术理性和效率至上。行政学一旦被定位为一门提高政府效率的实用科学，它就必然会将民主、美好生活和幸福等价值诉求遮蔽在一个易被遗忘的角落。有学者就此指出："就其实质而言，所谓公共行政学的合法性危机，乃是根源于实证主义量化方法论指引下的淡忘公共行政根本价值的危机"①。于是，当诠释主义和批判主义方法论在行政学研究中兴起之后，特别是当规范研究呈现出与日俱增之势时，行政学似乎找到了走出"身份危机"的希望之路，长期被遮蔽的民主行政和社会公平等价值诉求也得以重获新生。从这个意义上讲，实证主义方法论是行政学陷入"身份危机"的"罪魁祸首"，而两种非实证主义方法论的勃兴则是行政学摆脱"身份危机"的"灵丹妙药"。

总之，自20世纪50年代开始，实证主义作为行政学研究中的主流方法论不断遭到批判和抨击。这种批判和抨击，既有源于行政学内部的"肇事"和"革命"，亦有来自行政学外部的"攻击"和"替代"。在这种"内外结合式"的冲击之下，实证主义方法论逐渐褪去光芒并呈现出式微之势。至少到目前为止，它仍然是行政学研究中占据主导地位的方法论。许多评估行政学研究质量的文献，仍然以实证主义及其治下的定量研究方法作为衡量行政学研究方法的重要标准。

---

① 刘亚平：《公共行政学的合法性危机和方法论径路》，《武汉大学学报》（哲学社会科学版）2006年第1期，第103页。

第五章　行政学实证主义
方法论评析

实证主义作为行政学研究主流方法论，遭到了来自四面八方的攻击，批判之声不绝于耳。特别是当两种非实证主义方法论在行政学研究中出现并迅速崛起之后，实证主义的反对者们似乎找到了实证主义的理想替代者。例如，杰·怀特就认为："公共行政知识的增长涉及这一认识，即诠释和批判传统中存在着经验研究的替代模式。"[①]　然而，尽管遭到了强烈冲击并呈现出式微之势，实证主义仍然是当前西方行政学研究中占据主导地位的方法论。这突出表现在两个方面：首先，定量研究依然在西方行政学界的主流刊物中占据"半壁江山"；其次，研究者们依然将实证主义作为"主流社会科学方法论"并以此为标准对西方行政学研究成果的质量进行评估。这反映出实证主义方法论在行政学研究中确有其合理性，否则，"内外结合式"的攻击便会以摧枯拉朽之势将其摧毁。另外，在中国的行政学研究中，尚存在

---

① Jay White. "On the Growth of Knowledge in Public Administration". *Public Administration Review*, Vol. 46, January/February, 1986, pp. 15 – 24.

"实证研究严重匮乏与大量'不规范的'规范研究并存的局面"①。因此，坚持"倒掉洗澡水同时保留婴儿"的辩证立场，对行政学的实证主义方法论进行客观评价，是极为必要的。

第一节　中流砥柱：行政学实证主义方法论的"功勋"

无论给予实证主义怎样的评价，一个毋庸置疑的事实是，实证主义既是行政学学科建制化的起点，也是完成学科建制化的标志之一。自行政学诞生之日起，实证主义就始终伴其左右，从未离开。从这个意义上讲，没有实证主义，就没有行政学。因此，实证主义是为初生的行政学保驾护航的"股肱之臣"，更是行政学建制化进程中的"中流砥柱"。在极其艰难的环境中，实证主义为行政学的成长、成熟并最终成为一门独立的学科，做出了卓越的贡献。这种贡献集中体现在三个层面：一是界定行政学的研究领域；二是明确行政学的研究目标；三是确立行政学的研究方法。这也是任何一个独立和成熟的学科所具有的共同特征。

一　界定行政学的研究领域

行政学的母体是政治学，政治学的母体是哲学。当政治学完成了对哲学的抗争并成功地从哲学中独立出来之后，它虽然强烈地拒斥形

---

① 何艳玲：《问题与方法：近十年来中国行政学研究评估》，《政治学研究》2007 年第 1 期，第 103 页。

而上学，但却不可能立刻与哲学彻底划清界限，它不可避免地带有"宏大叙事"的色彩。这就是威尔逊所说的"所有的政治学论著都仅仅围绕下列问题进行思考、争辩和论证：政府'构成方式'、国家性质、主权的本质和地位、人民的权力和君主的特权"①。然而，当政治学者们对上述"掌握权力的艺术"争论不休时，却忽略了另一个重要的议题，那就是"运用权力的艺术"，即：当人民在新宪法的保障下获得了最高权力，实现了对政府的控制之后，如何确保实际的政府管理事务得以有效运作？令人遗憾的是，这一重要议题在当时被认为是政治学研究中的"细枝末节"，没有任何一门学科将"行动中的政府"作为自己的研究对象。

实证主义的集大成者涂尔干曾指出："一门科学只有形成自己独特的个性，才能让人视为达到了最后的独立。因为只有其他科学没有研究的那类事实成为它的研究对象时，它才有理由独立存在。"② 涂尔干的这一精辟见解非常贴切地诠释了行政学的诞生之旅。正是由于没有任何一门学科以"行动中的政府"为研究对象，才需要创立一门这样的学科。然而，仅有这个理由尚不充分，因为"行动中的政府"是包含在政治学研究中的。那么，如何才能让它从政治学中脱离出来，成为一个独立的研究领域呢？政治与行政二分法无疑是一个极有力的武器。

二分法的精妙之处就在于指出了政治与行政是两个完全不同的领域。行政管理只是一个事务性的领域，它置身于政治所专有的混乱和冲突之外，政治没有必要自找麻烦地去操纵行政。政治是在"重大而

---

① Woodrow Wilson. "The Study of Administration". *Political Science Quarterly*, Vol. 2, No. 2, 1887, pp. 197 – 222.

② ［法］E. 迪尔凯姆：《社会学方法的准则》，狄玉明译，商务印书馆2009年版，第156页。

带有普遍性事项"方面的国家的活动，它是国家意志的表达；行政是在"个别和细微事项"方面的国家的活动，它是国家意志的执行。既然政治和行政是两个完全不同的领域，那么，政治学研究和行政学研究自然也就没有必要合而为一了。这样，行政学的先驱者们智慧而巧妙地通过指摘出政府管理实践中政治与行政的区别，为行政学独立于政治学提供了合法性依据。

实证主义的一个基本信仰，同时也是实证精神的核心，就是任何一门实用科学，其研究对象必然是能够被人们的经验所感知的客观存在。当行政学依据二分法从政治学的母体中诞生之后，它面临的首要任务，就是剪断与政治学联系的"脐带"，独立获取成长和发展所需的营养。要实现这一目标，行政学就需要确立一块与当时的主流政治（哲）学研究完全不同的研究领域。首先，行政学宣称自己是一门实用科学，这就使其在学科性质上显示出与政治学"宏大叙事"的区别；其次，既然是实用科学，按照实证主义的定律，它的研究对象就必然是某种客观存在的经验事实。在二分法的逻辑中，"行动中的政府"是一个事务性的领域，是国家意志的执行，它毋庸置疑地是一个可为人们的经验所感知的客观存在。于是，行政学就为自己划定了一个从未有任何学科涉足的、崭新的研究领域，即行政机关的政策执行。自此，这个"姗姗来迟的"学科，在"人们忙的几乎注意不到它的、已经度过了最初的青春时期、并且已经开始长出独具特色的系统知识之花的世纪"，宣告了自己的诞生。

二　明确行政学的研究目标

在界定了本学科的研究领域之后，行政学建制化过程中的另一个重要任务，就是明确研究目标。由于行政学是一门实用科学，因此，研究目标必须体现出行政学的实用性。实证主义对此同样发挥了重要的作用，以实证主义为支撑的社会科学的研究目标是解释和预测，这个目标在行政学研究中得到了传承。

行政学的研究对象是政府的政策执行活动，那么，对这种执行活动的研究要达到一个什么样的程度呢？换句话说，通过行政学的研究，可以为改善政府的政策执行活动提供哪些帮助呢？答案是：效率。提高行政机关政策执行的效率，既是行政学的研究目标，也是连接行政学研究与政府管理实践的桥梁和纽带。在威尔逊那里，效率体现在两个方面：首先，明确政府可以适当并且成功承担什么样的任务；其次，政府怎样才能够以尽可能高的产出以及尽可能少的投入来完成这些任务。前者就是对政府执行行为的解释，即政府能做什么；后者则是对政府执行行为的预测，即政府怎样做。行政学发展至今，无论历经哪个阶段，均是围绕这两个目标开展研究。只不过，到了新公共行政和公共管理那里，都对效率进行了重新"洗牌"。

效率这一研究目标的确立，客观地讲，是行政学脱离政治学过程中具有里程碑意义的事件。行政学要想摆脱政治学研究中对"宏大叙事"的沉迷，就必须将研究目标聚焦在"宏大叙事"所专有的范围之外，关注在"宏大叙事"中被忽略和遗忘的"技术性细节问题"。另外，政府管理实践若想摆脱来自政治领域的腐败、混乱和冲突的干扰，也必须专注于行政机关政策执行的细节问题。将研究目标定位于效率，完美地解决了上述难题。对行政学研究来说，效率是在"宏大叙事"范围之外的"技术性问题"，它是一个非常重要但却经常被遗忘的议题；对于政府管理实践而言，效率是一个机械性的概念。如果行政机关致力于勤勤恳恳地提高自身的效率，它就可以更好地为公民提供公共服务，同时也无暇顾及政治领域的混乱和冲突。

那么，怎样才可以使行政学研究聚焦于效率这一"技术性问题"，同时又能够让行政机关专注于提高效率而无暇顾及政治领域的是非呢？这就需要在行政学研究中设计出一个组织模型，它既可以吸引行政学研究者的关注而形成学术共同体，又能够切切实实地提高政府管理的效率。于是，官僚制就这样应运而生了。作为一种理想的政府组织形态，官僚制所具有的合理分工、等级体制和严密规则等特征，使其成为行政学研究中的经典组织模型。同时，官僚制所强调的价值中立原则，满足了政策执行者（事务官）不受来自政治领域干扰的要求，实现了政府管理的非人格化，是提高政府效率的不二法门。根据官僚制的机构设计和职能配置，既可以解释政府这个庞大的官僚机构可以做什么，也能够预测它会怎样去做。由于官僚制已经事先设计好了所有的运作规程，只要严格依循这些规程，政府机构就可以实现高效运转，提高效率自然也就成为题中之义。

三 确立行政学的研究方法

在界定了研究领域并明确了研究目标之后，行政学学科建制化还剩下最后一个要素，那就是确立自己的研究方法，行政学同样是以实证主义为支撑来构建自己的研究方法的。实证主义方法论治下的社会科学主张模仿自然科学的方法，将观察法和实验法运用到社会科学研究中，行政学也不例外。

科学管理的兴起是行政学科学化进程中的标志性事件，而观察与实验法是科学管理的精髓。科学管理之父泰勒之所以能够总结出"科学管理原理"，就是通过对工厂生产和管理流程的观察，以及在此基础上的实验，例如著名的铲子实验而得出的一套管理法则。泰勒的追随者们尝试将科学管理原理运用到政府管理实践中，也取得了巨大的成功。同时，法约尔一般管理原理中的"管理十四条原则"、古利克的"POSDCRB"原则以及厄威克的政府管理八项原则，也是行政学科学化的重要标签。这些原理或行政原则之所以流行，一个很重要的原因就是，它们的创立者们坚信这些原则具有普适性。无论是企业管理还是政府管理，它们都可以适用。

对行政原则的探求，实际上就是对行政学研究方法的探求。在行政学的先驱者们看来，这些行政原则或科学原理是建立在观察和实验基础之上的，而观察和实验被证明是自然科学研究中的有效方法。既然它们可以对自然科学研究发挥巨大的作用，它们也可以为社会科学研究添砖加瓦。行政学本身就是一门实用科学，如果在行政学研究中运用了观察和实验的方法，无疑将大大增强行政学的实用性。同时，行政学要想进一步与政治学渐行渐远，就必须在方法上与之形成鲜明对比。早期的政治学以政治哲学为主，仍然带有强烈的思辨色彩。[①] 行政学要想彻底与政治学划清界限，除了形成不同的研究领域和研究目标之外，还需要在研究方法上与之区别开来，而观察法和实验法恰好满足了这一需求。同时，以观察和实验为基础的定量研究，也成为行政学发展过程中的主流研究取向。

---

① 政治学起家于政治哲学，曾遭受政治科学的"骚扰"，但政治哲学仍然占据主流；而行政学发端自行政科学，其间受到行政哲学的"肇事"，但行政科学依旧保持强势。政治学和行政学这对"欢喜冤家"的演变路径大相径庭。

四　行政学各成员对学科三个要素的背离与坚守

在实证主义方法论的支撑下，行政学完成了学科建制化的历史使命，形成了自己的研究领域、研究目标和研究方法。那么，在行政学130 余年的发展历程中，各成员是否背离了这三个学科要素呢？我们可以逐一进行分析。

行政学的发展史大致经历了四个阶段，即正统行政学（传统行政学）—行政科学—新公共行政—公共管理（新公共管理、新公共服务和公共治理）。① 正统行政学自不用说，西蒙构建的行政科学本身就是以逻辑实证主义为基础的。行政科学虽然抛弃了政治与行政二分法，并指责行政原则是"行政谚语"，但事实与价值的分离只是扩大而不是改变了行政学的研究领域，概念工具的提出和决策体系的设计，特别是将计算机技术引入决策科学，使得量化研究更加精致化。更为重要的是，西蒙继承并进一步发展了效率这一目标。因此，行政科学并未背离由实证主义确立的行政学学科三要素。新公共行政和公共管理这两个成员看起来都背离甚至反叛了学科三要素，但事实是否如此呢？这就需要对它们进行重点考察。

首先，在研究领域上，新公共行政指责实证主义将行政学研究局限在一个非常狭窄的"中性"问题的范围之内，导致行政学游离于社会政治现实之外。因此，新公共行政主张用更加广阔的视野和开放的行政系统观念来研究行政组织运作中遇到的社会问题，特别是将研究焦点定位于如何发展公共政策。然而，无论是社会现实问题还是公共

① 严格来说，新公共行政学不能算作行政学发展中的一个历史阶段。因为它的影响不足以与其他三个阶段的成员相比，它昙花一现，犹如行政学发展中的一个匆匆过客。出于对研究传统的尊重以及行文的一致性，我还是将其作为一个阶段。

政策，它们都是客观存在的经验事实，而不是某种形而上的"宏大叙事"；公共管理的研究领域虽然更为广泛，甚至与包括经济学和社会学在内的其他学科有交叉，但也都是经验事实问题，如政府改革、公共服务和网络治理等，无一不是客观存在的经验事实。

其次，在研究目标上，新公共行政批评实证主义将行政学的研究目标定位于效率至上，导致行政学忽略了对社会公平等价值诉求的关注。然而，新公共行政也承认效率的重要性，并认为实证主义行政学关注的仅仅是机械性效率，而应当关注"社会性效率"。公共管理各流派也从未放弃效率。新公共管理以绩效替代了效率，并提出了使用包括经济、效率和效益在内的"3E"指标作为政府绩效评估额标准；新公共服务主张整合效率与公平；公共治理则提出通过不同主体之间的合作治理，更为有效地为公民提供公共服务。

最后，在研究方法上，新公共行政对逻辑实证主义提出了强烈谴责，并提出在行政学研究中运用"后逻辑实证主义"的思辨方法。但是，这种方法与其倡导的行政学研究领域和研究目标不相匹配，这也是导致新公共行政昙花一现的根本原因。公共管理自兴起之后，就一直非常重视量化的方法，这与它的经济学背景密切相关，而严谨的量化研究则是对传统的观察和实验方法的现代化重构。

因此，除了新公共行政在研究方法上有所背离之外，行政学在其130余年的发展历程中，在整体上是坚守了实证主义确立的学科三要素的。正是基于这一事实，我们认为，实证主义对行政学的发展做出了卓越的贡献，它是行政学建制化过程中的"中流砥柱"。没有实证主义，行政学也就不复存在。

第二节 过犹不及：行政学实证主义
方法论的"瓶颈"

在肯定实证主义方法论"功勋"的同时，也应客观地指摘其"瓶颈"。实证主义方法论为行政学建制化做出了卓越的贡献，然而，正是为了加快行政学建制化的步伐，使其早日成为一门独立的学科，实证主义方法论将其所秉持的学术观念发挥到了极致，从而陷入了"极端化"的陷阱，形成了"过犹不及"的局面。这种"过犹不及"的局面集中体现在四个方面：过于强调经验事实而忽略了价值的意义；过于关注对因果关系的解释而忽略了行政现象的多样性和复杂性；过于偏爱一般性的行政原则而忽略了不同类型组织的区别；过于追求行政科学的理性而忽略了行政哲学的激情和想象力。

一 事实与价值的"剪不断"

实证主义方法论的一个基本信仰，就是坚持事实与价值的分离。正是基于这一基本信仰，实证主义将行政学研究的指向定位在事实问题上。西蒙作为行政科学的化身，将这一信仰在行政学研究中发挥到了极致。在西蒙看来，政治与行政二分法无法为行政学确立一个价值中立的研究领域，因为行政人员也需要做出决策。因此，西蒙主张以逻辑实证主义的事实与价值二分法来替代政治与行政二分法，以事实命题作为行政学的研究对象。这样，既可以扩大行政学的研究范围，也能够为行政学确立一个真正的价值中立的领域。

西蒙的这一主张的确为构建一门严谨的行政科学奠定了基础。然而，这种对事实和价值的严格区分，存在一个操作性的问题，即事实与价值在逻辑上可以区分，但在实践中却难以分离。所谓事实与价值的区分，简单来讲，就是事实问题与价值问题是两个完全不同的领域，事实即实然，价值即应然，从实然无法推出应然，从应然也无法推出实然。因此，两者之间存在着泾渭分明的界限。然而，这种在逻辑上或者说在学理上的区分并不能拓展至实践中。这里所说的实践，包括两个层面：一是实际的行政学研究过程；二是政府管理的实践。就前者而言，纵然研究者将自己的研究对象定位为对事实问题的考察，那么，政府管理实践中存在众多的事实问题，研究者如何从中做出选择？或者说，研究者如何对这些事实问题在重要性上做一个排序，然后选择最为重要的问题作为研究对象呢？这里就涉及研究者对于这些事实问题本身所具有的意义的一种判断，这种判断是研究者依据自己对这些事实问题的理解而做出的，而这种判断和理解本身就包含了价值。因此，研究问题的选择过程本身就是研究者的价值判断过程。

就后者而言，事实与价值二分法陷入了与政治—行政二分法一样的困境之中。正如古德诺所言，政府机关的职能不可能像政治与行政的区分那样一清二楚。我们可以在理论上将政治和行政区分开来，但却无法将它们分配给任何一个政府机关去行使。西蒙正是看到了政治与行政二分法存在的这个弊端，所以才试图用事实与价值二分法去超越它。但是，与前述的问题类似，行政人员在解决政府管理实践中的事实问题时，同样面临着一个选择过程。因为政府管理实践中存在的事实问题太多了，也需要在重要性上进行排序，这也是行政人员基于自身的价值判断而进行的选择过程。因此，事实与价值可以在逻辑上区分开来，在实践中却是"剪不断"的。无论是在行政学的研究过程中，还是在政府管理的实践中，事实与价值都是相互交织的。

同时，奠基在事实与价值二分法之上的行政科学还存在一个问题，那就是对韦伯"价值中立"学说的误读。实际上，以实证主义为支撑的主流社会科学几乎都存在这个问题。那么，韦伯为什么要提出价值中立原则呢？在《社会科学和经济科学"价值无涉"的意义》一文中，韦伯明确地表达了自己提出价值中立原则的动机。在韦伯所处的时代，德国许多的教授利用自己不受攻击的学术权威，大肆宣扬自己的价值观点。这种行为既混淆了个人的价值判断与科学知识之间的界限，更为重要的是，它在本质上是为当时德国的权贵阶层的统治辩护和服务的。对此，韦伯批评道：

> 我们学科里通常所做的有这种"党派政治"特点的价值判断和有其他特点的价值判断之间的区分，在我看来尤其是行不通的，它只适于掩盖向听众所发表的意见的实际影响。一旦人们终究在讲坛上发表了价值判断，那么认为"无激情"必须是讲坛的特点，因而导致"狂热"讨论的危险的事物应予排斥的观点，就完全是官僚主义的观点，任何一个有独立见地的教师必定会拒绝他。一些学者认为，在从事经验讨论时不应该放弃实际的价值判断……因为正是通过这种激情昂扬的话语，听众至少能够依据教师价值判断的主观性如何可能引起它阐述里的曲解，而从自己这方面对这种主观性做出评估，这也就是说，听众自己去做为教师的激情所排斥的事情。①

韦伯之所以要提出价值中立，是因为他看到了价值"不中立"的

---

① ［德］马克斯·韦伯：《社会科学方法论》，韩水法，莫茜译，中央编译出版社2008年版，第137页。

危险性，即研究者通过宣扬自己的价值判断来影响他人，向他人灌输政治的、伦理的、美学的或其他意识的一般作用，从而让他们接受自己的价值判断并"快乐我快乐、忧愁我忧愁"。更重要的是，研究者的价值判断往往受到"党派政治"的影响，甚至成为为其服务的工具。一旦科学知识与"党派政治"联系起来，它必然将失去自己的独立性而沦为政治的"附庸"。由于韦伯看到了当时德国的学术研究可能出现的这种"恶劣"趋势，作为一位"以学术为业"的人，他提出了价值中立的原则来挽救行将颓废的学术研究。

以实证主义为支撑的社会科学研究虽然继承了韦伯的价值中立原则，但却将它极端化了。实际上，出现这种极端化的根本原因，就在于后来的研究者们为了避免出现韦伯所担心的局面，干脆将价值完全"扫地出门"，以保证社会科学研究的"干净"和"纯洁"。但是，就今天的社会科学研究而言，这种纯粹的价值中立并未能使包括行政学在内的社会科学研究幸免于难，反而在一定程度适得其反，导致行政学研究中的价值沦丧。

二　因果关系的"不可解释"

将复杂的社会现象化约为可操控的两类变量——自变量 X 和因变量 Y，考察两个变量之间的关系，即 X 如何导致了 Y，是早期实证主义社会科学对社会现象之间因果关系的经典释义。在现代社会科学研究中，随着数理统计方法的不断进步，又出现了控制变量。在考察 X 如何导致了 Y 的过程中，通过加入控制变量，研究者可以更为精确地测量出 X 对 Y 的净影响。这就是社会科学研究中对因果关系的解释路径。在行政学研究中，这种解释路径也得到了广泛运用，以获得行政现象或行政行为之间相互关系的精确信息。

　　然而，这种解释路径在行政学研究中广为流行的同时，同样存在难以操作化的问题。这种解释路径的前提是，我们在研究的过程中可以将行政现象操作化为可以直接测量的变量，进而通过数理方法和统计软件来分析它们之间的关系。一个最典型的例证，就是行政学研究中的热门领域——绩效评估。通过将政府机构的各组成部分操作化为各种自变量，将政府绩效的组成部分操作化为各种因变量（如"4E"标准），来分析它们相互之间的关系。但是，行政现象是纷繁复杂的，我们不可能通过操作化的途径将其简单化约为各种变量。作为研究者，我们或许可以对政府机构的两类组成部分——财和物进行操作化，但我们如何对另外一类也是最重要的一类组成部分——人，进行操作化呢？政府在理论上是一个抽象的概念，但在现实中却是由一个一个的人组成的。例如，"廉洁"是政府绩效的一个重要指标，但如何对其进行操作化呢？同时，既然行政人员在政府管理实践中需要依据自己的价值判断从事行政行为，那么，我们如何对其价值判断进行操作化？例如，"社会公平"也是政府绩效的一个重要指标，但每个行政人员对于社会公平的理解不同，如何对其进行操作化？这无疑是极其困难的，甚至是不可能的。即便研究者尽其所能地将两类行政现象操作化为可以测量的变量并分析出两者之间的关系，那么，这种关系在当时的行政环境中是成立的，一旦环境发生了变化，它们的关系还成立吗？

　　显然，行政现象特别是行政行为的复杂性和多样性，决定了研究者不可能仅仅依靠对变量之间关系的考察来得出因果关系的一般性结论。在政府管理实践中，有些行政现象或行政行为可以操作化为变量，但更多时候，一种行政现象产生的原因是纷繁复杂、变化多端的，研究者不可能将它们统统化约为自变量和因变量。如果一味地强调这种解释路径的功能，研究者必然会遗漏一些无法操作化的现象，而它们可能是更为重要甚至是关键的因素。

既然大多数行政现象中的因果关系是不可以通过变量之间的关系来解释的，那么，如何获得对它们的认知呢？或者说，行政学研究如何对此做出贡献呢？我们认为，理解行政现象比解释行政现象更为重要。这种理解，是对解释路径无法覆盖的、难以操作化的因素的理解。它更多的是对行政现象或行政行为发生及其演变背景的理解，是对行政现象或行政行为中人文因素的理解。这就需要行政学研究者深入政府管理的"现场"，与作为研究对象的行政人员进行互动，运用参与式观察和深度访谈等方法，了解复杂多样的行政现象和行政行为背后的深层原因，从而实现对其的"深描"。正如有学者指出的："没有任何客观的真实在那里等着被发现"①。也正是在这个意义上，行政学中的诠释主义方法论才会有用武之地。

三　行政原则的"非一般性"

实证主义行政学的另一个重要学术观念，就是对具有普适性的行政原则的追求，观察与实验则是归纳这些行政原则的方法。由于这些行政原则的内在矛盾，西蒙将其称为"行政谚语"。在西蒙之后，新公共行政和公共管理均对其提出了批评。实际上，这些具有普适性和一般性的行政原则，除了自身的内在矛盾之外，还存在一个问题，那就是忽略了行政原则所具有的"场域性"。

首先，这些一般性原则的"原产地"是企业。无论是科学管理原理还是管理的十四条原则，都源自对企业生产和管理流程的

---

① 刘亚平：《公共行政中的对策研究：批判与反思》，《中国人民大学学报》2008 年第 2 期，第 77 页。

经验总结。然而，政府和企业是两种不同类型的组织，虽然它们在管理的技术性层面大同小异，但其目的却有着天壤之别。这些一般性的原则运用到企业生产和管理中，可以显著提高企业的生产效率，运用到政府管理实践中，也可以提高政府管理的效率，这本身没有问题。但是，效率虽然可视为企业生存的理由，却不能成为政府合法性的基础。实证主义行政学将这些行政原则极端化的结果，就是将效率至上作为衡量政府管理实践成败的标准，而将民主和社会公平等更为重要的政府合法性基础遮蔽在一个易被遗忘的角落。

其次，不同的官僚机构之间也存在差别。尽管古利克的 POSD-CRB 原则与厄威克的八项行政原则均以政府为模板，但官僚机构并不相同。不同的官僚机构，在组织模式、职能设置、运行流程以及人员配备上均有各自的特征。更为重要的是，官僚制只是一种"理想类型"，现实中的政府机构并不是真正意义上的官僚制。在这个官僚机构中适用的行政原则，在另一个官僚机构中未必适用；在一个更加接近"理想类型"的、以法治为基础的官僚机构中运行良好的行政原则，在另一个与"理想类型"相去甚远、甚至以"人治"为合法性来源的官僚机构中可能寸步难行。

再次，行政原则的生存环境有别。不同的国家和地区，政治、经济、社会和文化环境千差万别，导致其行政模式各异。这些行政原则，几乎都是在"衍射型"行政模式的国家中产生的，它们与这些国家行政模式所具有的特征相符。然而，如果将它们置于"棱柱型"或"融合型"行政模式的国家中就未必适用。正如达尔所言："从某一个国家的行政环境中归纳出来的概论，不能够立刻予以普遍化，或被应用到另一个不同环境的行政管理中去。一个理论是否适用于另一个不同的场合，必须先把那个特殊场合加以研究之后才可以判定"①。由于行政"场域"不同，行政原则也就不存在所谓的"一般性"或"普适性"。在西方国家的行政"场域"中产生的"行政原则"，不可能放之四海而皆准。否则，"行政学本土化"的目标也就失去了存在的意义。

四 行政科学与行政哲学的"相辅相成"

实证主义的抗争以及由此产生的哲学的"自我保护运动"，在当代几乎所有的社会科学领域都形成了科学与哲学的分野，例如，政治科学与政治哲学、经济科学与经济哲学、管理科学与管理哲学以及法（律）科学与法（律）哲学等，行政学领域自然也不例外，行政科学与行政哲学的对抗由来已久。在脱离政治学伊始，行政学就为自己贴上了"实用科学"的标签。如何才能使自己成为一门真正的、有别于传统政治（哲）学的行政科学呢？经过几代实证主义者的不懈努力，最终在西蒙那里"功德圆满"。在研究对象、研究目标和研究方法这三个学科要素的构成上，行政学均显现出鲜明的实证主义色彩。然而，以实证主义为支撑的行政科学却遭到了来自四面八方的抨击。我们暂且抛开这些抨击，看看行政科学与行政哲学之间究竟是怎样的关系。

首先，行政科学与行政哲学之间并没有明确的界限。逻辑实证主义的代表人物卡尔纳普曾明确表示："我们不是一个哲学流派，而且我们并不提出任何哲学问题"②。这一观点彰显出实证主义方法论

---

① Robert Dahl. "The Science of Public Administration: Three Problems". *Public Administration Review*, Vol. 7, No. 1, 1947, pp. 1 – 11.

② 转引自朱红文《社会科学与哲学的关系：社会科学史的视角》，《天津社会科学》2003 年第 5 期，第 6 页。

"过"的一面，或者说"极端"的一面。实证主义难道不也是一种哲学吗？究其本质而言，实证主义反对的是一种"旧"哲学，是一种基于先验原则推导出事物本质的思维习惯。既然实证主义本身就是哲学的一分子，那么，以其为支撑的行政科学在其诞生之日起就富有哲学元素。另外，在行政学 130 余年的发展历程中，行政科学与行政哲学虽然呈现出"你争我夺"的局面，但这种竞争是一种良性竞争而非一种"非此即彼""有你无我"的恶性竞争。长达半个世纪的"西沃之争"，一半是方法论上针尖对麦芒的辩论，另一半则是行政科学与行政哲学共同领衔的"理性与激情齐飞"的精彩演出，最终形成的是"秋水共长天一色"的美好结局。从这个意义上说，"西沃之争"的最终赢家是行政学本身。行政科学与行政哲学之间的分界也逐渐模糊，一些行政科学的忠实拥趸开始关注价值问题，另一些行政哲学的坚定信徒则逐渐表示出对科学方法的兴趣。

其次，行政科学使行政学更加精致化。以实证主义为支撑的行政科学，是理性的，也是严谨的。在行政科学的研究过程中，从问题、概念、假设到理论，循序渐进、逻辑严密。如果能够严格地遵循这种研究径路，行政学就会成为精致的行政学、漂亮的行政学。行政学中的定量研究，较为鲜明地体现出行政科学精致化的特征。

最后，行政哲学为行政学提供想象力。想象力是一个学科发展进步的源泉和动力。一个学科如果没有想象力，就不会有生命力。这种想象力是一种心智的品质，它可以"戏剧性地让我们理解我们周围的现实与更宏观的社会现实间的联系"[①]。行政科学所具有的实证主义色彩使其充满了理性，它的研究过程"循规蹈矩"，按部就班。理性意

———————————

① ［美］赖特·米尔斯：《社会学的想象力》，陈强、张永强译，生活·读书·新知三联书店 2005 年版，第 14 页。

味着严谨，同时也昭示着平淡，而严谨与平淡是与想象力背道而驰的。一个理性的学科，很难成为一个具有想象力的学科。但是，行政哲学却可以其所具有的激情和冒险色彩赋予行政学想象力。因为行政哲学具有一种视角转换的能力，它能够在"天马行空式"的思辨过程中，实现从最不个人化、最间接的社会变迁到人类自我最个人化的转变。因此，要使行政学朝气蓬勃、富有想象力和冒险精神，行政哲学就是必不可少的。

因此，行政科学无须排斥行政哲学，行政哲学也毋庸敌视行政科学。在行政学研究中，两者相辅相成，缺一不可。实证主义行政科学拒斥行政哲学的立场，纵然可以使行政学充满理性，但却使其丧失了激情和想象力，变得毫无生气甚至丢失前进的动力。这对于行政学的发展而言，显然是极为不利的。

结语 实证主义的魔惑及其对中国行政学方法论的启示

实证主义作为一种研究方法论，在行政学的发展过程中可谓"功过参半"。它的理性和严谨在推动行政学完成建制化任务的同时，也在一定程度上销蚀了行政学的激情和想象力。随着公共管理的强势崛起以及两种非实证主义方法论在行政学研究中的勃兴，对实证主义的批判甚嚣尘上。然而，纵然身陷反对的旋涡，实证主义却仍然是行政学研究中的主流方法论。对于实证主义的批评者来说，他们虽然反对实证主义，却无法彻底将其抛弃。实证主义之于其反对者，犹如一块食之无味却又弃之不舍的"鸡肋"。他们可以批判、漠视甚至谩骂实证主义，但他们却无法离开实证主义。实证主义犹如一个幽灵，始终伴随行政学左右，从未离开。那么，实证主义究竟拥有怎样的魔力以至于行政学始终离不开它呢？中国行政学方法论可以从实证主义的魔惑中获得哪些启示呢？在本书行将结束之际，我们希望对这些问题做出扼要阐释。

一　实证主义方法论的魔惑

在行政学研究中，实证主义最吸引人的地方，就在于它的科学性。这种科学性体现在三个层面。首先，它的研究过程是科学的。一项以实证主义为方法论支撑的行政学研究，例如，行政学中的定量研究，其研究过程严格地遵循了以下进程：问题—文献—假设—数据描述—变量设定—统计分析—研究结论。基于这样一种严谨的研究程序做出的研究，在数据来源真实可靠的前提下，其研究结论是客观的，也是极具说服力的，至少对于这项研究本身而言的确如此。若想推翻其研究结论，除非有新的数据，并且同样严格依循上述研究径路。否则，任何反对之声都是无效的，因为那不过是反对者基于自己价值判断的主观推测，反对之声缺乏经验事实和数据的支撑，是苍白无力的，很容易就会被驳倒。作为研究者，我们必须尊重定量研究的结论，而不能以"我认为不应该是这样的"或"你这个研究有问题"等含有个人主观意愿的言辞来批判一项以大量经验数据为支撑的定量研究。这是一种极为轻浮的且不负责任的学术态度，只会招致别人的嘲笑。[①]

其次，它可以维持行政学作为一门独立学科的地位。虽然深陷"身份危机"的阴霾，但行政学从未放弃学科建制化和知识专业化的理想。要想成为一门独立的学科，就必须具备三个要素，即独立的研究领域、明确的研究目标和成熟的研究方法。在行政学诞生至今130余年的时间里，没有任何一种方法论可以像实证主义那样成

---

① 在我参加的一次学术会议上，有位博士如是说："我不懂定量研究，但我觉得你的研究有问题"。你既然不懂定量研究，你凭什么说我的研究有问题！

功地满足上述三个要素的要求。纵然诠释主义和批判主义这两种非实证主义方法论在行政学研究中逐渐崛起并占据一席之地，但它们的支持者都清楚地知道，这两种方法论不可能取代实证主义的主流地位，因为它们既无力为行政学划定研究领域，也无法为行政学树立一个明确的研究目标。更重要的是，它们本身不是一个具有严密体系的方法论。因此，它们不适合成为主导行政学研究的方法论，而只能作为实证主义的补充。正是由于看到了这一点，诠释主义和批判主义的支持者们虽然憎恶实证主义，却对之无可奈何。因为他们知道，一旦彻底抛弃了实证主义，行政学作为一门独立的学科也将不复存在。

最后，它能够切切实实地促进行政学研究中的知识增长。与其他两种非实证主义方法论相比，实证主义是一种"硬"方法论。尽管诠释主义和批判主义也是促进行政学研究中知识增长的两种途径，但是，这种促进作用的发生较为迟缓，它不能立即显现出来。相比之下，作为一种"硬"方法论，实证主义促进行政学知识增长的作用直接且明显，这种促进作用可以切切实实地看得见。行政学发展至今，其知识的积累和增长，几乎全是实证主义的贡献。当然，这并不是说诠释主义和批判主义没有贡献，只不过，对于行政学这样一个较为"特殊"的应用学科而言，它更需要迅速地补充营养，积累知识，才能与其他社会科学齐头并进。

基于上述三个层面的阐释，我们解答了"行政学为什么离不开实证主义"的困惑。正是由于实证主义所具有的、不可替代的独特魔力，才能始终保持其在行政学研究中的主流方法论地位。因此，我们将之称为"实证主义的魔惑"。

二 中国行政学方法论的"突围之路"

那么，面对实证主义的魔惑，中国行政学方法论可以从中汲取哪些有益的启示呢？我们认为，一个最为重要的启示，就是如何突破中国行政学方法论面临的"规范化"问题。

关于中国行政学方法论的"规范性"问题，在本书的文献梳理部分已经提及，即不规范的规范研究与不规范的实证研究并存。实际上，"规范性"问题的本质，就在于中国行政学方法论的滞后。这种方法论上的滞后表现在三个方面：其一，对实证主义方法论的认识停留在常识层面，缺乏对其学术观念的深刻理解，其结果是实证（定量）研究成果严重匮乏，而为数不多的实证研究并没有严格依循应当依循的研究过程，也就是前文指出的"偷工减料式"的实证研究；其二，对定性研究存在误读。定性研究是以诠释主义方法论为支撑的，它强调与研究对象的互动，通过参与式观察和深度访谈等方法，获得对研究对象的"深描"。然而，很多研究者将没有数据、没有图表以及没有统计分析而只有文字描述的研究都归类为定性研究，这显然是对定性研究的严重误读；其三，规范研究虽然没有类似于定量研究"八股文"式的研究径路，但它同样具有自己的研究内容、目标与方法，也有包括逻辑上的自洽性和目标上的合法性等质量评判标准。然而，当前，中国行政学研究中所谓的规范研究或标榜"行政哲学"的研究，很少能够满足上述批判标准。

结合实证主义的魔惑，我们认为，可从以下两个方面突破方法论上的"规范化"困境。

首先，加强对方法论本身的研究。中国行政学研究之所以出现实证研究的不规范与规范研究的不规范同时并存的惨淡局面，根本原因在于对方法论的研究意识淡薄。当前，至少在行政学研究领域，尚未出现专门以方法论为研究议题的成果。不深入了解各种方法论的来龙去脉及其学术观念，又何谈熟练运用呢？实际上，中国的行政学是一个"门槛"很低的领域。这种低门槛性固然可以保持行政学的开放性，但是，进入行政学研究领域中的、来自其他学科的研究者似乎对方法论这一基础性理论问题并不感兴趣。能够吸引他们眼球的，多半是西方行政学界中的所谓"前沿问题"和"热点问题"。然而，在对研究方法论尚未基本掌握的情况下，就去研究这些前沿和热点，在我看来，是一种舍本逐末的行为，它只能导致行政学的合法性基础不断丧失。

其次，在实践中，加强行政学方法论训练。有研究表明，我国行政学研究的主力军是高校的研究人员，有 55.8% 的行政学研究者来自高校。[1] 他们是中国行政学研究中知识积累和传承的重要力量，特别是研究生群体，他们承载了中国行政学研究的未来。因此，在加强方法论研究的同时，还需要对这些行政学的"未来"进行专业性的方法论训练，例如，开设各种方法论研讨班、训练营等。近年来，国内一些高校陆续开办了公共管理研究方法培训班，培训对象主要针对高校公共管理专业的师生特别是研究生，这对于增强行政学研究者的方法论意识，夯实研究的方法基础，提高行政学研究的科学性，无疑是极为有利的。同时，方法论训练也体现在具体的研究过程中。我赞同何艳玲教授的观点，即提倡研究者有意识地临摹实证研究论文和规范研究论文的"八股文"。在此基础上，形成自觉的方法论意识，使行政学研究者尽可能做出"规范"的实证研究和"规范"的规范研究。

---

[1] 何艳玲：《"我们在做什么样的研究"：中国行政学研究述评》，《公共管理研究》2008 年第 5 期，第 41 页。

　　方法论是任何一个学科的研究得以开展的基础，也是任何一个独立学科之所以独立的重要标志。在中国的行政学研究中，方法论始终是一块"短板"。方法论的滞后，严重制约了中国行政学发展前进的步伐。加强方法论研究，是中国行政学研究中迫在眉睫、刻不容缓的"大问题"。然而，方法论研究任重而道远。本书虽然只是在该领域的"浅尝"，但并不是"辄止"。在今后的研究中，方法论将是我在基础理论方面的核心研究议题。希冀通过本书起到"抛砖引玉"之效，争取让更多的研究者关注行政学方法论，推动其成为中国行政学研究领域的"显学"。

参考文献

一　英文文献

（一）著作类

1. Brian Fry. *Mastering Public Administration：From Max Weber to Dwight Waldo.* New Jersey：Chatham House Publishers，1989.

2. Charles Teddlie，Abbas Tashakkori. *Foundations of Mixed Methods Research：Integrating Quantitative and Qualitative Approaches in the Social and Behavioral Science.* Thousand Oaks CA：Sage，2008.

3. David Farmer. *Public Administration in Perspective：Theory and Practice through Multiple Lenses.* Armonk，NY：M. E. Sharpe，2010.

4. David Rosenbloom，Howard McCurdy. *Revisiting Waldo's Administrative State.* Washington：Georgetown University Press，2006.

5. Dwight Waldo. *The Study of Public Administration.* New York：Doubleday，1955.

6. Dwight Waldo. *The Administrative State：A Study of the Political Theory of American Public Administration.* New Jersey：Transaction Publishers，2007.

7. Herbert Simon. *Models of My Life*. New York: Basic Books Inc, 1991.

8. Herbert Simon. *Administrative Behavior: A Study of Decision – Making Process in Administrative Organizations* (4ᵗʰ Edition). New York: The Free Press, 1997.

9. Leonard White. *Introduction to the Study of Public Administration*. New York: Macmillan, 1947.

10. Luther Gulick, Lyndall Urwick ed. *Papers on the Science of Administration*. New York: Institute of Public Administration, 1937.

11. John Mill. *A System of Logic, Ratiocinative and Inductive: Being a Connected View of The Principles of Evidence and The Methods of Scientific Investigation*. New York: Harper & Brothers, 1882.

12. Richard Box. *Making a Difference: Progressive Values in Public Administration*. New York: M. E. Sharp, 2008.

13. Robert Denhardt, Jay White. Integrating Theory and Practice in Public Administration. *Bureaucratic and Governmental Reform*. Greenwich, CT: JAI, 1986.

14. RomHarre. *The Philosophies of Science*. London: Oxford University Press, 1981.

15. Yvonna Lincoln, Egon Guba. *Naturalistic Inquiry*. C. A.: Sage Publications, 1985.

（二）论文类

1. Brack Brown, Richard Stillman. "A Conversation with Dwight Waldo: An Agenda for Future Reflections". *Public Administration Re-*

view, July/August, 1985.

2. CyrilRenwick. "Public Administration: Towards a Science". *The Australian Quarterly*, 1944（3）.

3. C. Thayer. "Understanding Research". *Public Administration Review*, Vol. 44, No. 2, 1984.

4. David Houston, SybilDelevan. "Public Administration Research: An Assessment of Journal Publications". *Public Administration Review*, Vol. 50, No. 3, 1990.

5. Dwight Waldo. "Development of Theory of Democratic Administration: Replies and Comments". *American Political Science Review*, Vol. 46, No. 2, 1952.

6. Dwight Waldo. "Development of Theory of Democratic Administration". *American Political Science Review*, Vol. 46, No. 1, 1952.

7. Dwight Waldo. "Public Administration". *The Journal of Politics*, Vol. 30, No. 2, 1968.

8. F. Merson. "Public Administration: A Science". *Public Administration*, 1923（1）.

9. Francis Neumann. "What Makes Public Administration a Science? Or, Are Its 'Big Questions' Really Big?". *Public Administration Review*, Vol. 56, No. 5, 1996.

10. FrankMarini. "Leaders in the Field: Dwight Waldo". *Public Administration Review*, Vol. 53, No. 5, 1993.

11. GregoryDaneke. "A Science of Public Administration?". *Public Administration Review*, Vol. 50, No. 3, 1990.

12. GeorgeFrederickson. "How I Became a Waldonian". *PA Times*,

December, 2000.

13. Guy Adams, Jay White. "Dissertation Research in Public Administration and Cognate Fields: An Assessment of Methods and Quality". *Public Administration Review*, Vol. 54, No. 6, 1994.

14. Harlan Cleveland. "Theses of a New Reformation: The Social Fallout of science 300 years after Newton". *Public Administration Review*, vol. 48, May/June, 1988.

15. Herbert Simon. "The Proverbs of Administration". *Public Administration Review*, Vol. 6, No. 1, 1946.

16. Herbert Simon. "Development of Theory of Democratic Administration: Replies and Comments". *American Political Science Review*, Vol. 46, No. 2, 1952.

17. Herbert Simon. "Why Public Administration?". *Journal of Public Administration Research and Theory*, Vol. 8, No. 1, 1998.

18. Herbert Simon. "Guest Editorial". *Public Administration Review*, Vol. 55, No. 5, 1995.

19. HowardMcCurdy, Robert Cleary. "Why Cant We Resolve the Research Issue in Public Administration?". *Public Administration Review*, Vol. 44, No. 1, 1984.

20. James Carroll, GeorgeFrederickson. "Dwight Waldo: 1913—2000". *Public Administration Review*, Vol. 61, No. 1, 2001.

21. James Perry, KennethKraemer. "Research Methodology in the 'Public Administration Review, 1975—1984'". *Public Administration Review*, Vol. 46, No. 3, 1986.

22. Jay White. "On the Growth of Knowledge in Public Administration".

Public Administration Review, Vol. 46, January/February, 1986.

23. Jeff Gill, Kenneth Meier. "Public Administration Research and Practice: A Methodological Manifesto". *Journal of Public Administration Research and Theory*, Vol. 10, No. 1, 2000.

24. John Kirlin. "The Big Questions of Public Administration in a Democracy". *Public Administration Review*, Vol. 56, No. 5, 1996.

25. Larry Luton. "Deconstructing Public Administration Empiricism". *Administration & Society*, Vol. 39, No. 4, 2007.

26. MelvinDubnick. "Dialogue: Knowledge and Research". *Administrative Theory & Praxis*, Vol. 22, No. 2, 2000.

27. Mie Augier, James March. "Remembering Herbert A. Simon". *Public Administration Review*, Vol. 64, No. 1, 2001.

28. Richard Box. "An Examination of the Debate over Research in Public Administration". *Public Administration Review*, Vol. 52, No. 1, 1992.

29. Richard Callahan. "Challenges of (Dis) Connectedness in the 'Big Questions' Methodologies in Public Administration". *Public Administration Review*, Vol. 61, No. 4, 2001.

30. Robert Behn. "The Big Questions of Public Management". *Public Administration Review*, Vol. 55, No. 4, 1995.

31. Robert Cleary. "The Public Administration Doctoral Dissertation Reexamined: An Evaluation of the Dissertations of 1998". *Public Administration Review*, Vol. 60, No. 5, 2000.

32. Robert Dahl. "The Science of Public Administration: Three Problems". *Public Administration Review*, Vol. 7, No. 1, 1947.

33. RobertDenhardt，Janet Denhardt. "New Public Service：Serving Rather than Steering". *Public Administration Review*，Vol. 60，No. 6，2000.

34. RobertStallings，James Ferris. "Public Administration Research：Work in Par 1940—1984". *Public Administration Review*，Vol. 48，No. 2，1988.

35. Woodrow Wilson. "The Study of Administration". *Political Science Quarterly*，Vol. 2，No. 2，1887.

二　中文文献

（一）著作类（译著在前）

1. ［澳］欧文·休斯：《公共管理导论》，张成福、王学栋等译，中国人民大学出版社 2007 年版。

2. ［奥］恩斯特·马赫：《感觉的分析》，洪谦等译，商务印书馆 2009 年版。

3. ［奥］恩斯特·马赫：《认识与谬误》，李醒民译，商务印书馆 2010 年版。

4. ［奥］路德维希·维特根斯坦：《逻辑哲学论》，贺绍甲译，商务印书馆 2009 年版。

5. ［德］马克斯·韦伯：《社会科学方法论》，韩水法、莫茜译，中央编译出版社 2008 年版。

6. ［德］莫里茨·石里克：《哲学的转变》，转引自洪谦主编《逻辑经验主义（上卷)》，商务印书馆 1982 年版。

7. ［德］莫里茨·石里克：《自然哲学》，陈维杭译，商务印书馆 2009 年版。

8. ［法］爱弥尔·涂尔干：《社会学与哲学》，梁栋译，上海人民出版社 2002 年版。

9. ［法］E. 迪尔凯姆：《社会学方法的准则》，狄玉明译，商务印书馆 2009 年版。

10. ［法］奥古斯特·孔德：《论实证精神》，黄建华译，北京联合出版公司 2013 年版。

11. ［法］亨利·法约尔：《工业管理与一般管理》，周安华等译，中国社会科学出版社 1998 年版。

12. ［法］勒内·笛卡尔：《谈谈方法》，王太庆译，商务印书馆 2014 年版。

13. ［古希腊］亚里士多德：《工具论（上）》，余纪元等译，中国人民大学出版社 2003 年版。

14. ［古希腊］亚里士多德：《形而上学》，吴寿彭译，商务印书馆 2014 年版。

15. ［古希腊］亚里士多德：《政治学》，吴寿彭译，商务印书馆 2014 年版。

16. ［美］艾尔·巴比：《社会研究方法》，邱泽奇译，华夏出版社 2005 年版。

17. ［美］戴维·奥斯本、特德·盖布勒：《改革政府：企业家精神如何改革着公共部门》，周敦仁等译，上海译文出版社 2006 年版。

18. ［美］戴维·法默尔：《公共行政的语言：官僚制、现代性与后现代性》，吴琼译，中国人民大学出版社 2005 年版。

19. ［美］戴维·罗森布鲁姆、罗伯特·克拉夫丘克：《公共行政学：管理、政治和法律的途径》，张成福等译，中国人民大学出版社 2002 年版。

20. ［美］盖·亚当斯、班尼·巴尔佛：《揭开行政之恶》，白锐译，中央编译出版社 2009 年版。

21. ［美］弗兰克·古德诺：《政治与行政——一个对政府的研究》，王元译，复旦大学出版社 2011 年版。

22. ［美］弗雷德里克·泰勒：《科学管理原理》，马风才译，机械工业出版社 2013 年版。

23. ［美］赫伯特·西蒙：《管理行为》，詹正茂译，机械工业出版社 2014 年版。

24. ［美］华勒斯坦等：《开放社会科学》，刘锋译，生活·读书·新知三联书店 1997 年版。

25. ［美］杰·怀特、盖·亚当斯：《公共行政研究：对理论与实践的反思》，刘亚平、高洁译，清华大学出版社 2005 年版。

26. ［美］卡米拉·斯蒂福斯：《公共行政中的性别形象——合法性与行政国家》，熊美娟译，中央编译出版社 2010 年版。

27. ［美］拉尔夫·赫梅尔：《官僚经验：后现代主义的挑战》，韩红译，中国人民大学出版社 2013 年版。

28. ［美］赖特·米尔斯：《社会学的想象力》，陈强、张永强译，生活·读书·新知三联书店 2005 年版。

29. ［美］鲁道夫·卡尔纳普：《科学哲学导论》，张华夏等译，中国人民大学出版社 2007 年版。

30. ［美］罗伯特·登哈特：《公共组织理论》，项龙、刘俊生译，华夏出版社 2002 年版。

31. ［美］罗伯特·莫顿：《论理论社会学》，何凡兴等译，华夏出版社 1990 年版。

32. ［美］理查德·斯蒂尔曼：《公共行政学：概念与案例》，竺乾威等译，中国人民大学出版社 2004 年版。

33. ［美］麦克斯怀特：《公共行政的合法性：一种话语分析》，吴琼译，中国人民大学出版社 2002 年版。

34. ［美］尼古拉斯·亨利：《公共行政与公共事务》，张昕等译，中国人民大学出版社 2002 年版。

35. ［美］乔治·弗雷德里克森：《公共行政的精神》，张成福等译，中国人民大学出版社 2003 年版。

36. ［美］乔治·弗雷德里克森：《新公共行政》，丁煌、方兴译，中国人民大学出版社 2011 年版。

37. ［美］托马斯·库恩：《科学革命的结构》，金吾伦等译，北京大学出版社 2003 年版。

38. ［美］伍德罗·威尔逊：《国会政体：美国政治研究》，熊希龄、吕德本译，商务印书馆 1986 年版。

39. ［意］托马斯·阿奎那：《神学大全（论上帝·论上帝的本质)》，段德智译，商务印书馆 2013 年版。

40. ［英］阿尔弗雷德·艾耶尔：《语言、逻辑与真理》，尹大贻译，上海译文出版社 2006 年版。

41. ［英］彼得·温奇：《社会科学的观念及其与哲学的关系》，张庆熊、张缨等译，上海人民出版社 2004 年版。

42. ［英］大卫·休谟：《人类理解研究》，关文运译，商务印书馆 1972 年版。

43. ［英］大卫·休谟：《人性论（上册)》，关文运译，商务印书馆 2009 年版。

44. ［英］弗朗西斯·培根：《新工具》，许宝骙译，商务印书馆

2009 年版。

45. ［英］卡尔·波普尔：《科学发现的逻辑》，查汝强等译，中央美术学院出版社 2008 年版。

46. ［英］克里斯托弗·胡德：《国家的艺术：文化、修辞与公共管理》，彭勃、邵春霞译，上海人民出版社 2004 年版。

47. ［英］约翰·洛克：《政府论（下篇)》，叶启芳、瞿菊农译，商务印书馆 2014 年版。

48. 陈超尘：《研究方法论》，台北市基隆路 3 段 30 巷 3 弄 23 号，作者 2009 年自行出版。

49. 陈健：《科学划界——论科学与非科学及伪科学的区分》，东方出版社 1997 年版。

50. 陈其荣、曹志平：《科学基础方法论——自然科学与人文、社会科学方法论比较研究》，复旦大学出版社 2005 年版。

51. 陈启伟主编：《现代西方哲学论著选读》，北京大学出版社 1992 年版。

52. 陈向明：《质的研究方法与社会科学研究》，教育科学出版社 2000 年版。

53. 陈向明、朱晓阳、赵旭东主编：《社会科学研究：方法评论》，重庆大学出版社 2006 年版。

54. 丁煌：《西方行政学说史》，武汉大学出版社 2004 年版。

55. 风笑天：《社会学研究方法》，中国人民大学出版社 2005 年版。

56. 蒋逸民编著：《社会科学方法论》，重庆大学出版社 2011 年版。

57. 敬义嘉：《合作治理：再造公共服务的逻辑》，天津人民出版社 2009 年版。

58. 李怀祖：《管理研究方法论》，西安交通大学出版社 2007 年版。

59. 马骏、叶娟丽：《西方公共行政学理论前沿》，中国社会科学出版社 2004 年版。

60. 马骏、张成福、何艳玲主编：《反思中国公共行政学：危机与重建》，中央编译出版社 2009 年版。

61. 彭和平、竹立家编译：《国外公共行政理论精选》，中共中央党校出版社 1997 年版。

62. 吴建南：《公共管理研究方法导论》，科学出版社 2006 年版。

63. 吴琼恩：《行政学的范围与方法》，（台北）五南图书出版公司 2005 年版。

64. 谢庆绵主编：《现代西方哲学评介》，厦门大学出版社 1989 年版。

65. 颜昌武、马骏编译：《西方公共行政学百年争论》，中国人民大学出版社 2010 年版。

66. 俞可平主编：《治理与善治》，社会科学文献出版社 2000 年版。

（二）论文类

1. 薄贵利：《中国行政学：问题、挑战与对策》，《中国行政管理》1998 年第 12 期。

2. 陈辉：《中国行政学研究评估：基于高校学报的分析》，《公共管理研究》2008 年第 6 期。

3. 陈炜：《实证主义与西方公共行政研究：发展、反思与超越》，《广东行政学院学报》2013 年第 6 期。

4. 陈向明：《社会科学中的定性研究方法》，《中国社会科学》1996 年第 6 期。

5. 陈振明、李德国：《我国公共行政学博士论文的质量评估与比较分析》，《公共行政评论》2009 年第 2 期。

6. 董建新、白锐、梁茂春：《中国行政学方法论分析：2000—2004》，《上海行政学院学报》2005 年第 2 期。

7. 嘎日达：《论科学研究中质与量的两种取向和方法》，《北京大学学报》（哲学社会科学版）2004 年第 1 期。

8. 郭小聪、肖生福：《中西行政学研究方法论建设比较分析》，《江西社会科学》2007 年第 1 期。

9. 郭小聪、肖生福：《中国行政学学科建设：科学化与中国化》，《中山大学学报》（社会科学版）2007 年第 3 期。

10. 何艳玲：《问题与方法：近十年来中国行政学研究评估（1995—2005）》，《政治学研究》2007 年第 1 期。

11. 何艳玲：《"我们在做什么样的研究"：中国行政学研究述评》，《公共管理研究》2008 年第 5 期。

12. 何艳玲：《我国行政学研究反思工作述评（1996—2008）》，《公共行政评论》2009 年第 5 期。

13. 何艳玲：《指向真实实践的中国行政学研究：一个亟待关注的问题》，《中国行政管理》2009 年第 8 期。

14. 何艳玲、汪广龙：《我们应该关注什么：关于公共行政学"大问题"的争论》，《中国行政管理》2011 年第 12 期。

15. 何艳玲：《中国公共行政学的中国性与公共性》，《公共行政评论》2013 年第 2 期。

16. 胡伟：《在经验与规范之间：合法性理论的二元取向及意

义》，《学术月刊》1999 年第 12 期。

17. 金太军：《公共行政规范理论的勃兴及其启示——当代西方新公共行政学评析》，《江苏社会科学》1998 年第 1 期。

18. 敬乂嘉：《中国行政管理博士论文研究》，《复旦公共行政评论》2009 年春季刊。

19. 雷志宇：《论定性研究在公共行政学中的规范应用》，《武汉大学学报》（哲学社会科学版）2007 年第 6 期。

20. 刘冠军、沙世蕤：《科学与哲学之关系的历史轨迹与未来走向———种语境论视角的透析》，《山东社会科学》2006 年第 4 期。

21. 刘骥、张玲、陈子恪：《社会科学为什么要找因果机制———种打开黑箱、强调能动的方法论尝试》，《公共行政评论》2011 年第 4 期。

22. 刘亚平：《公共行政学的合法性危机与方法论径路》，《武汉大学学报》（哲学社会科学版）2006 年第 1 期。

23. 刘亚平：《公共行政中的对策研究：批判与反思》，《中国人民大学学报》2008 年第 2 期。

24. 刘亚平：《公共行政学与美好社会》，《广西民族大学学报》（哲学社会科学版）2011 年第 4 期。

25. 马骏、刘亚平：《中国公共行政学的"身份危机"》，《中国人民大学学报》2007 年第 4 期。

26. 马骏：《经济、社会变迁与国家治理转型：美国进步时代改革》，《公共管理研究》2008 年第 6 卷。

27. 牛美丽：《公共行政学观照下的定性研究方法》，《中山大学学报》（社会科学版）2006 年第 3 期。

28. 乔耀章：《行政学中国化与行政哲学思考》，《中国行政管理》 2003 年第 8 期。

29. 乔耀章：《行政学中国化过程中的学科发展与方法体系》，《上海行政学院学报》2005 年第 2 期。

30. 芮国强：《行政学本土化：内涵、意义及路径》，《江海学刊》 2008 年第 6 期。

31. 芮国强：《行政学方法论：内涵与结构》，《中国行政管理》 2008 年第 9 期。

32. 孙珠峰、胡伟：《后新公共行政时代的来临——第三次明诺布鲁克会议述评》，《学术月刊》2014 年第 2 期。

33. 王海燕、尹东波：《韦伯"价值中立"学说的质疑与"僭越"》，《广西民族大学学报》（哲学社会科学版）2006 年第 5 期。

34. 颜昌武、刘云东：《西蒙—瓦尔多之争：回顾与评论》，《公共行政评论》2008 年第 2 期。

35. 颜昌武：《寻求公共行政的"身份"认同——沃尔多行政思想述评》，《中山大学学报》（社会科学版）2008 年第 3 期。

36. 颜昌武、牛美丽：《公共行政学中的规范研究》，《公共行政评论》2009 年第 1 期。

37. 颜昌武：《作为行政科学的公共行政学——西蒙行政思想述评》，《公共管理研究》2009 年第 7 卷。

38. 颜海娜、蔡立辉：《公共行政学研究方法：问题与反思》，《公共管理学报》2008 年第 4 期。

39. 姚莉：《西方公共行政研究中的实证主义与后实证主义》，《广东行政学院学报》2011 年第 4 期。

40. 叶秀山：《哲学作为哲学——对哲学学科性质的思考》，《中国社会科学》2005 年第 6 期。

41. 鄞益奋：《网络治理：公共管理的新框架》，《公共管理学报》2007 年第 1 期。

42. 于文轩：《中国公共行政学研究的未来：本土化、对话和超越》，《公共行政评论》2013 年第 1 期。

43. 曾国屏：《当代科学与哲学关系的多维性》，《贵州社会科学》2009 年第 2 期。

44. 张成福：《发展、问题与重建——论面向 21 世纪的中国行政科学》，《政治学研究》1996 年第 1 期。

45. 张康之：《行政学研究什么》，《北京工业大学学报》（社会科学版）2002 年第 9 期。

46. 张康之、王晓云：《在两场学术运动巧遇的背后——论政治文化研究与新公共行政运动的内在联系》，《吉林大学社会科学学报》2005 年第 1 期。

47. 张康之：《论行政学研究中的学术自觉》，《理论与改革》2006 年第 3 期。

48. 张康之、刘志柏：《公共行政的继往开来之路——纪念伍德罗·威尔逊〈行政学研究〉120 周年》，《湘潭大学学报》（哲学社会科学版）2007 年第 1 期。

49. 张梦中、［美］马克·霍哲：《"公共行政学研究方法论"专栏总序》，《中国行政管理》2001 年第 8 期。

50. 张玉：《行政学方法论的内涵及其一般应用范式》，《政治学研究》2009 年第 6 期。

51. 朱成全：《亚里士多德与早期实证主义者的科学观比较》，

《东北财经大学学报》2002 年第 3 期。

52. 朱红文：《社会科学与哲学的关系：社会科学史的视角》，
《天津社会科学》2003 年第 5 期。

53. 竺乾威：《从新公共管理到整体性治理》，《中国行政管理》
2008 年第 10 期。

后　记

　　本书作为"行政学研究基础"系列开篇，是以我的博士后研究报告为蓝本完成的。尽管我从事行政学的学习和研究始于2002年的大学本科阶段，但坦率地讲，真正入门并进入行政学研究殿堂，却是在2008年我硕士二年级的时候。之所以说我入门了，是因为我有了两个之前从未有过的感觉：一是以前读不懂的文献可以读得懂了；二是在学习行政学的过程中，快乐代替了无趣。也正是在那个时候，我确立了我这一生的事业目标，那就是：以行政学为业，绝不背弃，直至终老。虽然我很不喜欢沃尔多，甚至对其极度讨厌，但他的一段话却非常贴切地表达了我对行政学的热爱，沃尔多如是说：

　　　　我们所有人的福利、幸福以及我们实实在在的生活，在很大程度上取决于影响和维系我们日常生活的行政机构的表现。在当代社会，公共行政的质量与我们的日常生活息息相关——从食宿和住房等重要问题到我们的思维活动。今天，你的生活可能系于对药店中药品纯度的控制管理；明天，可能依赖于交通部门的决策；下个星期，可能就要仰仗于政府部门官员的管理智慧了。不管你愿不愿意，公共行政关系到每一个人。如果我们希望活下去，我们最好琢磨琢磨公共行政。

从那时起，我开始广泛地阅读行政学领域的研究文献。在众多的文献之中，以中山大学的马骏教授和何艳玲教授为代表的我国行政学研究领域前辈学者的、以反思行政学研究为主题的著作和论文，对我触动极大，甚至是一种心灵的荡涤。这些文献让我感觉到，中国的行政学研究根本就是一个千疮百孔的"烂摊子"，而这一"烂摊子"最大的"瓶颈"，就是研究方法的滞后。若干年过去了，中国行政学研究的总体状况略有好转，但"研究方法"这个最大的"瓶颈"却始终未曾得到实质性突破，而是被湮没和遮蔽在对西方行政学研究中的所谓"前沿理论"和"热点问题"的追踪之中。

当然，这并非意味着追踪行政学研究的前沿和热点不值得提倡。但是，在热衷于这些前沿和热点的同时，我们也应扪心自问：行政学研究中的重大基础性问题得到了应有的关注吗？诚然，国内已有学者出版了关于行政学（公共管理）研究方法的专著，也发表了一些相关的论文。然而，正如在本书的文献梳理部分指出的，这些已有研究并不能令人满意，因为它们都遵循了同样的径路，即将社会科学研究方法移植到行政学研究中，这就是行政学的研究方法。如果依循这样的径路，那么，我们把这些文献标题中的行政学换成经济学、政治学或法学，而保持其主要内容不变，同样成立。因此，我们需要转换思路。

实际上，方法只是一种供研究者取用的工具而已，对方法本身的探究没有任何意义。要想有所突破，就必须深入方法背后，去探寻更深层次的东西，那就是：方法论。行政学方法论与行政学思想史一样，都是行政学研究中的重大基础理论问题。对于后者，我们的研究已经收获颇丰。丁煌教授的《西方行政学说史》、谭功荣教授的《西方公共行政学思想与流派》及马骏教授等人编译的《公共行政学百年争论》等著作，便是其中的杰出代表。然而，对于前者，目前的研究可谓凤毛麟角。

从事行政学方法论研究，是我一直以来的愿望。然而，由于方法论研究需要扎实厚重的哲学功底，对于我这样一个哲学的"陌生人"而言，显然是心有余而力不足的，我也常常为之扼腕。2012年，我进入中南大学从事哲学博士后研究。对我而言，这无异于"天赐良机"。从进站之日起，我就将行政学方法论作为博士后报告的研究议题。尽管我阅读了大量的文献，但由于哲学基础的一穷二白，研究过程无疑是极为痛苦的。然而，痛并快乐着。在博士后报告的撰写过程，我的研究知识获得了极大的增长，同时也深刻地感受到亚里士多德、孔德、涂尔干、休谟和西蒙等学术先贤们的"大智慧"。与他们"神交"的过程，令我忘却了研究的枯燥和疲惫。

尽管如此，由于研究基础的薄弱及时间的仓促，这份研究报告只是对行政学方法论研究的浅尝辄止，在很多研究内容上都只能是点到为止，而未能做出更为深刻的诠释。因此，它肯定不尽如人意，至少我自己是不满意的。倘若时间允许，我可能会做得更好，无奈囿于各种原因，只能以现在的面貌示人。不过，好在研究还将继续。行政学方法论将是我今后从事行政学基础理论研究的核心领域，我有信心把它做好。

本书的顺利完成，凝聚了我的合作导师左高山教授的心血。自我将行政学方法论确立为博士后期间的研究议题伊始，就得到了左老师的认可和鼓励。在研究报告的框架设计和内容编排的过程中，左老师均给予了悉心指导。然而，由于我资质愚钝与生性懒散，这份报告尚未达到左老师的要求。对此，我深感愧疚。但是，左老师以其所具有的大智慧和宽以待人的处事原则，包容了我的愚钝和懒散，并鼓励我在出站之后继续将研究进一步深化和拓展，直至达到出版的水准。同时，在工作和生活中，左老师也给予了我许多关心和照顾。在此，向左老师致以诚挚的谢意。

感谢中南大学科学研究部的彭忠益教授。正是在他的关心和支持下，本书有幸入选"中南大学哲学社会科学专著文库"并得到资助。感谢中国社会科学出版社的郭晓鸿女士。正是她的热情敬业和辛勤工作，本书才得以顺利出版。

中南大学公共管理学院的李建华教授、许源源教授、赵书松副教授和伍如昕博士等，在我进入中南大学工作至今，均给予了我许多帮助；袁超、赵君和孙立明等，为我的生活平添了许多乐趣。对于上述诸君，在此一并谢过。

要感谢的人还有很多，还是以更好的作品作为对他们无私帮助的回报吧。

李晓飞

2017 年 12 月 4 日深夜于岳麓山